全新图解版

跟巴菲特学投资

李成思/著　夏易恩/绘

中国华侨出版社

导读：世界最伟大的投资家

沃伦·巴菲特是当代的"股神"，就连股市门外汉对他也耳熟能详。投资界人士对他顶礼膜拜，视他的言论为"投资圣经"，犹如念布道文一样背诵他的投资格言。每年波克夏·哈萨威（Berkshire Hathaway）公司的股东大会，足以媲美超级明星的音乐会或宗教的复活节，因为许多人为了能聆听巴菲特关于投资的智慧言论，特地花费数万甚至几十万美元购买一股或几股波克夏公司的股票，每年都不辞劳苦、千里迢迢赶到奥马哈去参加波克夏公司年度股东大会，这种场景丝毫不亚于圣徒朝觐教宗或圣地。这几年，即使想要和巴菲特共进一顿午餐时，听到只言片语的股海"真经"，也得费贵上百万。

巴菲特为何受到如此推崇？只需看看他的股票投资业绩即可知晓。巴菲特刚开始投资股票时，资金只有100美元，在2008年公布的世界富豪排名中，他以620亿美元资产位列全球富豪排行榜榜首；2008年以来，世界股市步入明显的下坡，因而也对股神的资产造成了重大的影响，在2009年最新公布的全球富豪排名中，他的个人资产急剧缩水250亿美元至370亿美元，仍然位列第二；相比其他富豪而言，这已是一个相当不错的成绩了，有的富豪经过金融风暴的洗礼，早已被挤出十大富豪之列，而这个富豪榜的榜首，过去十多年也是完全由巴菲特和比尔·盖茨包揽而已。有时，数以万计投资巴菲特掌控的波克夏公司的人，成了亿万富翁。仅在奥马哈市，巴菲特就造就了近200名亿万富翁。这样的致富成就，历史上再也无其他例子。

然而，巴菲特取得如此巨大的投资成就，许多人在听了他关于投资的言论后，往往惊诧于巴菲特的投资哲学是如此简单，又是如此正确，完全不是一般人想象的那样复杂。

巴菲特只是依靠证券投资致富的，而且大多数是通过投资所有投资者都能接触到的上市公司的股票。巴菲特投资法的可贵之处，就在于忠实履行平凡无奇之事。他的每一个思考逻辑都很简单，组合起来却架构出一套自成一格的投资法则。大多数投资者热衷高技术、高增长的企业；巴菲特却喜欢大量购买历史悠久的大企业的股票，比如美国运通（American Express）、迪士尼公司（Walt Disney）、可口可乐公司（Coca-Cola），以及吉列公司（Gillette），这些股票都是普通股。大多数人都妄想战胜市场，将收益最大化，因而喜欢低买高卖、当日冲销的短线操作，最终却亏损连连而离场。巴菲特却耐心寻找被股票市场遗落的大笔财富，买入后总爱持有数年以上，甚至从不卖出；如果找不到值得投资的企业，他的做法也很简单——就是决不出手。不少人天天关注股市，心情随股票涨跌而悲喜；巴菲特却不为市场短期波动所影响，坚持长期持有，他甚至远离华尔街疯狂的人群，终身僻居在盛产玉米、遍地牛羊的奥马哈市，过着大部分时间都在阅读、思考和"分配资金"的简单生活。巴菲特的投资哲学和生活哲学，浓缩成两个字，就是"简单"。他的投资理论与随机漫步理论、有效市场假设、江恩理论等比起来，简单而实用，是返璞归真的高招。

总结起来，巴菲特投资理论的精髓就是，无论红盘、黑盘，通过对企业基本面的深入分析，精选具备持续竞争优势的个股，等待其被市场低估的最佳时机买入，并以最佳的组合长期持有。知易行难的道理很简单，却要接受炼狱般的折磨才能坚定实行。《孙子兵法》说："求其上，得其中；求其中，得其下；求其下，必败。"换言之，要学就学最好的。要想取得傲人的投资业绩，最好的办法无疑是学习巴菲特的投资策略。投资者如能尽早理解巴菲特的投资法则，愈早起步投资，未来的收获就会愈大。为此，笔者精心编写了这本关于巴菲特投资心法的书，并配以生动的图解，以图像展现大师的投资奥秘。

本书首先介绍巴菲特的成长经历，接下来深入探讨他所依据的投资哲学；再者，对巴菲特挑选个股的方法、衡量企业内在价值的方法、建立投资组合等专题进行深入分析；然后，以五个实例分析巴菲特如何贯彻实践自己的投资方法并获得成功；最后，笔者会教读者如何在本土投资环境中实践巴菲特的投资策略。笔者编写时力求文字通俗易懂、讲解深入浅出；同时大量运用图片、表格、资料、箴言和知识提点等要素，把巴菲特投资哲学和策略提炼出来，使你在最短的时间内，轻松掌握其精髓，在投资中如同巴菲特一样稳操胜券，尽早实现自己的财富梦想。

目录

导读：世界最伟大的投资家　　　　　　　002

第一章　奥马哈的神话

巴菲特是个什么样的投资家　　　　　　008
这个孩子不一样　　　　　　　　　　　012
天才投资少年　　　　　　　　　　　　016
三位智者：格雷厄姆、费雪、凯恩斯　　019
黄金搭档：查理·芒格　　　　　　　　028
波克夏的闪电式增长　　　　　　　　　031

第二章　分享巴菲特的思想盛宴

确定自己的能力圈　　　　　　　　　　035
情绪是投资的最大敌人　　　　　　　　038
简单才是真理　　　　　　　　　　　　041
像老板一样审视所投资的企业　　　　　044
长期持有——着眼于企业未来价值　　　047
不要在意股市的短期波动　　　　　　　050
缩小投资范围——远离未知领域　　　　055
股票投资应以价值为导向　　　　　　　058
集中投资才能获益更丰　　　　　　　　061
以企业内在价值决定买与卖　　　　　　064
处处留心，发现身边的投资机会　　　　067
寻找市场中具有优势地位的公司　　　　070
寻找值得你信赖的公司　　　　　　　　077

第三章 巴菲特的集中投资策略

把鸡蛋置于同一个篮子，并用心看好	082
舍弃多元化投资	085
优化投资组合	087
不要试图分散风险	090
集中投资几家优秀的公司	092
抓到好牌下大赌注	095
控制股票持有数	097
回避不宜投资的企业	099

第四章 坚持价值投资

内在价值是投资的基础	102
寻购价值被低估的股票	104
买下一家公司而不是股票	106
并购潜力企业	108
像经营企业一样投资	110
选择持续性获利行业	112
关注影响价值投资的因素	114

第五章 长期持有优质股票

放长线钓大鱼	118
绝不随随便便投资	120
迟缓应对市场	122
不要频频换股	125
长期持有要有耐心	128
可长期持有的三类股票	129
长期持有而非永远持有	132

第六章　巴菲特的操作策略

青出于蓝而胜于蓝	135
建立自己的理论	137
风险控制	140
别想一夜暴富	143
避免受行情和新闻的影响	146
不要在意股价的短期涨跌	148
正确评估企业现在与将来的价值	150
不要预测市场的走势	153
把握最佳买卖时机	156
少犯错，少失败	161

第七章　巴菲特教你读财务报表

财务报表简要阅读法	166
股东权益报酬率（ROE）	169
决定企业效率的营业利润率	173
企业的真实价值——所有者收益	177

第八章　巴菲特的五大经典投资案例

我只爱可口可乐——增值6.8倍	182
波克夏公司的盈利保证——GEICO，增值50倍	187
只要这个世界还有男人，吉列就能不断赚钱——增值近5倍	191
《华盛顿邮报》——报业神话，增值超过28倍	195
中石油——亚洲最赚钱的公司，增值8倍	199

第一章
奥马哈的神话

沃伦·巴菲特是当今股市上炙手可热的人物,他一生中创造了许许多多不可磨灭的神话,成为全世界投资人士膜拜的"股神"。有人说,巴菲特是投资天才,其实这样说一点不为过;因为股神的第一笔股市投资源于11岁,这次投资经历虽然没为他带来多少财富,却为他留下了宝贵的投资经验。1947年,巴菲特进入内布拉斯加大学攻读财务和商业管理,两年后考入哥伦比亚大学金融系,师事投资大师格雷厄姆。在哥大的几年学习,为巴菲特以后建立自己的金融大厦,打下了坚实的理论基础。毕业后,巴菲特在老师的投资公司里义务工作了两年,学习一些实战技能;随后,他回到家乡奥马哈,创办了自己的投资公司,至此走上炼金之旅。

巴菲特是个什么样的投资家

股票投资曾经激发了众多追逐财富的人,但它同时变幻莫测,常常令投资者难以应付;它可以让你在一夜之间拥有丰厚的财富,也可以让你在瞬间变得一无所有。的确如此,股市的变幻莫测常常令广大投资者头疼不已。

提到股票投资,人们首先想到的就是沃伦·巴菲特,这个来自美国西部城市奥马哈的人是股票投资的佼佼者,他的投资理念与追逐财富的经历都为广大股民传颂。当年,沃伦·巴菲特以100美元开始自己的事业,凭借自己简单明了而卓越成效的投资理念,开启了追逐财富的征程。事实证明,沃伦·巴菲特在股票投资上获得显著的成功。在全球富豪排行榜上,巴菲特多次被微软公司总裁比尔·盖茨所超越,屈居第二;在2007年度,巴菲特所持有的波克夏公司股价大涨,其身价大涨至620亿美元,巴菲特荣登2008年度全球财富榜榜首;2008年,世界经济陷入衰退,股市大跌,股神也遭受巨大的损失,个人资产缩水至370亿美元,但仍位列世界十大富豪榜第二名。

巴菲特无疑是世界上最伟大的投资家,他以敏锐的选股能力、稳健的长线投资闻名于世。世上众多亿万富豪当中,无论是石油大王洛克菲勒、钢铁大王卡耐基,还是软件天才比尔·盖茨,他们的成功都有赖于一种产品或是一项发明,背后都有一个庞大的生产或技术团队;然而巴菲特的成功却纯粹依靠投资,靠自己对上市公司财务报表的深入研究,成为20世纪最伟大的投资家。

在巴菲特几十年的投资生涯中,无论是表现奇佳的红盘还是疲软低迷的黑盘,无论是经济繁荣昌盛还是萧条萎靡,巴菲特的表现始终如既往的稳健。二次大战后的美国,主要股票的年均回报率在10%左右,而巴菲特的年均收益却在20%以上,远高于市场的平均水准。

然而,股市投资并非一帆风顺,就连股神巴菲特也这样认为。在1973~1974年的经济衰退中,波克夏公司也同样受到惨重的打击,其股价从每股90美元跌到了每股40美元；在1987年的股灾中，其股价从每股4000美元跌至了每股3000美元左右；1990～1991年波斯湾战争期间，波克夏的股价再次从每股8900美元大幅下跌至5500美元；1998～2000年间，其股价从每股80000美元跌至40000美元左右。但这些都没有动摇巴菲特的持股信心，事实证明，正是巴菲特的执着成就了他今天的伟业，他也因此被喻为世界上最伟大的投资者，位列美国《财富》杂志1999年底评出"20世纪八大投资大师"之首。

巴菲特丰富的人生经历和充满魅力的人格，简朴而又奥妙无穷的投资哲学，吸引了众多的投资者。他们每年都像圣徒朝圣一样到奥马哈聆听巴菲特给波克夏公司股东的教诲，金融界人士更是把巴菲特的言行视作是投资的"圣经"，加以推崇。

投资点拨

1. 股市投资不是猜大猜小的游戏，它需要对上市公司进行深入的财务分析。
2. 不要怀抱一夜暴富的想法，也不要在意一时得失。
3. 认可的事情请坚持下去！坚持，你就能打败所有对手，就能获取最后的胜利。

● 2008年初全球十大富豪榜

排名	姓名	国籍	年龄	资产
1	沃伦·巴菲特	美国	77岁	620亿美元
2	卡洛斯·斯利姆·赫鲁家族	墨西哥	68岁	600亿美元
3	比尔·盖茨	美国	52岁	580亿美元
4	拉什米·米塔尔	印度	57岁	450亿美元
5	穆凯什·阿姆巴尼	印度	50岁	430亿美元
6	阿尼尔·阿姆巴尼	印度	48岁	420亿美元
7	英瓦尔·坎普拉德家族	瑞典	81岁	310亿美元
8	KP－辛格	印度	76岁	300亿美元
9	奥莱格－德里帕斯卡	俄罗斯	40岁	280亿美元
10	卡尔·阿尔布里特	德国	88岁	270亿美元

● 2008年末全球十大富豪榜

名次	姓名	资产	2008年资产缩水额
1	比尔·盖茨	400亿美元	180亿美元
2	沃伦·巴菲特	370亿美元	250亿美元
3	卡洛斯·斯利姆	350亿美元	250亿美元
4	劳伦斯·埃里森	225亿美元	25亿美元
5	英格瓦·坎普拉	220亿美元	90亿美元
6	卡尔·阿尔布里特	215亿美元	55亿美元
7	穆克什·阿姆巴尼	195亿美元	235亿美元
8	拉什米·米塔尔	193亿美元	257亿美元
9	西奥·奥布莱彻	188亿美元	42亿美元
10	阿曼西奥·奥特加	183亿美元	19亿美元

● 1957~1969年道琼斯指数与巴菲特合伙公司收益对比表

年份	道琼斯工业指数（%）	巴菲特合伙公司（%）
1957	−8.4	10.4
1958	38.5	40.9
1959	20.2	25.9
1960	−6.2	22.8
1961	22.4	45.9
1962	−7.6	13.9
1963	20.6	38.7
1964	18.7	27.8
1965	14.2	47.2
1966	−15.6	20.4
1967	19.0	35.9
1968	7.7	58.9
1969	−11.6	6.8

第一章 奥马哈的神话

什么是复利？

我现在有100万，要是每年增长20%，五年过后就有200万了，哇！那简直太好了！

你不知道什么叫复利呀！一脸的愤怒！五年过后，你的钱应该是100万×(1+20%)×5！自己找个计算机好好算算吧！多出的部分给我。

别在那里空想了，你还是想想如何获利20%吧！

不会吧？比200万还多出来那么多！

巴菲特金玉良言：
利润的复合增长与交易费用和税负的避免使投资人受益无穷。（注：美国税法规定未实现之盈利可不交税）

11

这个孩子不一样

1930年8月30日，巴菲特出生于美国内布拉斯加州的小城奥马哈市，他在家排行第二，有一个姐姐和一个妹妹。他的父亲从事证券经纪业务，因此巴菲特从小对证券交易就耳濡目染。

1929年美国股市发生"黑色星期四"的大崩盘，巴菲特后来风趣地自嘲说："我之所以会出生，完全是因为股市崩盘，父亲闲得无事可做。"

巴菲特生于大萧条时期，父亲霍华德·巴菲特因为投资股票而血本无归，家里生活非常拮据，为了省下一点咖啡钱，母亲甚至不去参加她教堂朋友的聚会。

在苦难的生活中，巴菲特作为父母的唯一儿子，展现出超乎年龄的谨慎。他甚至从学走路的时候就如此，他总是弯着膝盖，仿佛这样就可以保证不会摔得太惨。

在随母亲去教堂时，姐姐总是到处乱跑以至于走丢了，而他总是老老实实地坐在母亲身边，用计算宗教作曲家们的生卒年限来打发时间。

巴菲特自小就觉得数字是非常有趣的东西，并显示了超乎常人的数字记忆能力。他能整个下午和小伙伴拉塞尔一起，记录街道上来来往往的汽车牌照号码；天色渐晚，他们又开始重复自认为有趣的游戏：拉塞尔在一本大书上读出一大堆城市名称，而巴菲特就迅速地逐一报出城市的人口数量。

看着父母每天为衣食犯愁，5岁的巴菲特产生了一个执着的愿望：自己要成为一个非常非常富有的人。那年，巴菲特在家外面的道上摆了个小摊，向经过的人兜售口香糖；后来，他改在繁华市区卖柠檬汁。难得的是，他并不是赚钱来花用，而是开始积聚财富。

第一章 奥马哈的神话

6岁那年，巴菲特从祖父经营的杂货店，以25美分买进6罐可口可乐，然后以每瓶5美分贩售，赚取零用钱。炎炎夏日，同龄的孩子都在游玩，巴菲特却汗流浃背地挨户推销；但他却得意地笑着说："卖出6瓶，我就有5分零用钱啦！"小小年纪，已具有超乎常人的商业智慧了。

7岁时，巴菲特因为盲肠炎住进医院并接受手术。在病痛中，他拿着铅笔在纸上写下许多数字，然后告诉护士，这些数字代表他未来的财产，接着说："虽然我现在没有太多钱，但是总有一天，我会很富有；我的照片也会出现在报纸上的。"一个7岁的孩子，用对金钱的梦想支撑而捱过被疾病折磨的痛苦。

8岁时，小巴菲特已经开始阅读股票书籍，并着手绘制股市价格升降图表，后来巴菲特把它们称作是"小鸡走路的痕迹"。8岁的巴菲特已经开始在为将来进入股市做准备了。

9岁时，巴菲特已经学会了市场调查，他和小伙伴一起将杂货店里的瓶盖运回家，通过对各种瓶盖的统计及分析，他就可以知道哪种饮料销量最大。

10岁时，巴菲特便利用空闲时间在父亲的经纪人办公室帮忙做一些事情。小巴菲特对数字和金钱的敏感度，让父亲十分惊讶，但他万万想不到自己这个痴迷于数字和金钱的孩子，将来竟然会成为世界首富。

投资点拨

1. 小巴菲特对数字和金钱的执着，决定了他将来在股市中的成就。
2. 小巴菲特超乎寻常的谨慎，使得他今后在决定一笔投资时，比任何人都考虑得多。

小巴菲特挨家推销可乐

小巴菲特从祖父经营的杂货店，以25美分买进6罐可口可乐，然后以每瓶5美分售卖，赚取零用钱。

未来的富翁

巴菲特因为盲肠炎住进医院并接受手术，在病痛中，他拿着铅笔在纸上写下许多数字。然后告诉护士："总有一天，我会拥有和这些数字一样多的钱，而且我的照片也会出现在报纸上。"

小巴菲特阅读股票书籍

巴菲特痴迷地阅读股票书籍，并绘制自己感兴趣之股票的股价走势图。

第一章 奥马哈的神话

天才投资少年

巴菲特首次买股票是在11岁时，当时他在父亲的证券公司帮忙做记录板书的工作。他在记录股价变动的过程中心生灵感，觉得自己也该试试购买股票。于是，他说服姐姐桃莉丝，二人合伙用所有的积蓄，以38美元买入3股城市服务公司（Cities Services）的股票。

购入后，城市服务公司的股票并非像小巴菲特向桃莉丝描述的那样一直上涨，反而一度跌到每股27美元。姐姐的唠叨和抱怨让巴菲特难以忍受，他不得不在股价回升至每股40美元时，抛出所有股票，扣除手续费后，他们净赚了5美元，巴菲特第一次尝到股票投资获利的果实。然而，之后城市服务公司的股票仍不断飙升，数年后达到200美元，这让巴菲特后悔不已。

这件事情对巴菲特以后的投资产生了深远的影响，从此他总是远离自己的委托人，避免情绪受到影响。他还从这次投资经验中认识到——投资股票必须有耐心。

12岁到13岁时，巴菲特有一部分时间是在祖父的杂货铺里度过的，这段时间他都在为祖父免费打工。用巴菲特的话来讲，他再没有见过比祖父更吝啬的人了。

此后，少年巴菲特又从事过各式各样的商业活动。13岁那年，他找到一份派送《华盛顿邮报》的工作，同时他还接受其他报社的委托，一旦订户取消订阅《华盛顿邮报》，他就立即向订户推荐其他报纸；因为他想到，这样做能取得的订阅机会，比只办理一家报纸的订阅要高得多。

此外，他还召集了一帮小孩，一起搜集旧高尔夫球再转售出去，但是这桩生意没多久便被高尔夫球场喝止。

经过一段时间积累，巴菲特已小有积蓄。此后，巴菲特又看到个赚钱的机会，当时弹珠游戏机很受欢迎，但新机器价格不菲，每台要300美元。巴菲特和朋友合资，以25美元的低价收购了一台二手弹珠游戏机，稍加维修后，放在当地的理发店，第一天就赚4美元，这让他兴奋不已，便决定扩大规模，巅峰时曾同时出租7台，每周净赚50美元。1947年，因为要到外地念大学，巴菲特以1200美元的价格，将弹珠游戏机生意出售给当地一个退伍军人。

上初中后，巴菲特用赚来的钱，以1200美元的价格向父亲购得一处面积40英亩的农场，再把它分割后租给别人，也取得不错的收入。这一年，巴菲特只有14岁。

1945年，15岁的巴菲特和朋友合伙，以350美元的价格购买了一辆1934年产的劳斯莱斯汽车，维修后，以每天35美元的价格在当地出租。

1947年，巴菲特高中毕业时，已经有6000美元的积蓄了，这在当时可是一笔不菲的收入，已经足够支付巴菲特大学的学费。

巴菲特正是通过童年及少年时期的商业尝试和对金钱的孜孜追求，才得以播下日后投资致富的种子。

投资点拨

1. 投资股市必须要有耐心。
2. 少年时期的打工经历可以为以后的职业生涯积累宝贵的经验。

● 股神在11岁至16岁期间的投资经历

年龄	投资经历	经验
11	第一次买股票，获利5美元	初次尝到投资的好处，知道要想保持清醒的头脑，就得远离委托人
12	做报童，每月收入达到175美元	增加了工作经验，懂得如何提高工作效率
13	弹珠机生意	真正感受到商业的魅力
14	购买农场并转租	对土地价值有了初步的认识
16	出租车生意	了解出租车市场

跟巴菲特学投资

巴菲特能成为股神,看来是天生的,人家从来就没有做过赔本的买卖。

天下没有天生的股神,巴菲特能取得后来的成就,也是后天努力的结果。

那你觉得我能成为股神吗?

可以啊!只要你坚持学习、研究财务报告、了解行业资讯、关心时政要闻……

好麻烦喔!

巴菲特金玉良言:
不要在意某家公司明年可赚多少,而是要在意其未来5～10年能赚多少。

18

三位智者：格雷厄姆、费雪、凯恩斯

伟大的科学家牛顿在受到别人夸奖时，总会谦逊地说："我看得更远，是因为站在巨人的肩上！"同样，巴菲特也从不认为自己在投资上取得的重大成就来自非凡的天赋，他无时无刻都不忘向人们强调那些伟大的投资家对自己的影响，如果不是受到那些老师的教诲和指导，是不可能取得今天的成就，自己得以取得耀眼成绩，完全是因为站在老师的肩膀上。对巴菲特的投资思想影响最大的三位伟大投资家分别是班杰明·格雷厄姆（Benjamin Graham）、菲力浦·A.费雪（Philip A. Fisher）和约翰·梅纳德·凯恩斯（John Maynard Keynes）。巴菲特正是对三人的投资理论融会贯通，才形成自己独特的投资思想与策略——巴式投资理论。

◆ 格雷厄姆

格雷厄姆是巴菲特的导师，巴菲特向他学习"价值投资"。巴菲特称自己体内流淌的血液有85%源于格雷厄姆，格雷厄姆是对巴菲特投资影响最大的人。

巴菲特在内布拉斯加大学上四年级时，偶然拜读了格雷厄姆的大作《聪明的投资人》。这本著作提出了价值投资的理念：聪明的投资人不应该因股价的波动而分心，而要专注于企业价值。通过分析企业价值，就能买进相对便宜的股票。这种观点对巴菲特影响很深，该书的问世无疑为巴菲特打开了投资大门。他立即申请进入哥伦比亚大学商学院，因为大师格雷厄姆正是在这所学校任教，巴菲特需要与大师做近距离地交流，学到大师的投资精髓。

格雷厄姆1894年生于英国伦敦，幼年时随家人迁居到纽约；20岁毕业于哥伦比亚大学后，便开始在华尔街的证券公司工作，这为他积累了宝贵的工作经验。1926年，他创办了曾聘雇过巴菲特的合伙投资公司——格雷厄姆·纽曼基金公司。40岁时，他和多德（David L. Dodd）合著的大作《证券分析》出版，本书一问世，便在全球投资界造成轰动，因为该书提出了一种划时代的创新理论。格雷厄姆后来将该书重新编纂成适合大众阅读的简易版本，就是《聪明的投资人》。

《证券分析》于1934年出版，正值股市大崩盘之后五年，许多学者只知解说造成崩盘的经济形势，格雷厄姆和多德却创立了"价值投资"的新投资理论。如果投资人希望再次在股票市场中获利，该如何做才好？格雷厄姆从这个方面来区分"投资"和"投机"，认为真正的投资应该是可以保本，又能获得令人满意的回报。简单讲，格雷厄姆就是教人发现被市场低估的股票，然后静待市场修正；比如，以5000美元购买实际价值1万美元的股票，这样即使发生使企业价值损失一半的事件，投资本金也不会受到亏损威胁。

格雷厄姆提出的投资理论可以概括为三点：一是坚持理性投资；二是确保本金安全；三是以可以量化的内在价值作为选股的依据。巴菲特在以后的投资活动中，都秉承了老师的这些精华。

格雷厄姆认为市场是不可信的，他向巴菲特讲述了"市场先生"的故事，帮助他理解自己的观点。格雷厄姆说："不妨想象一下你花1000美元买入一家小企业的少量股票，你的合作对象是个热心的'市场先生'，他每天都会向你汇报你所持股票的价格，并声称自己可以在这个价格上，买入你手中的股票或是向你提供股票。尽管这家企业的经营状况稳定，并未发生什么大起大落的事件，但'市场先生'的报价远非如此。由于'市场先生'的情绪不稳定，因而在它情绪高涨的日子里，这家公司的报价就会非常高；然而在它情绪低落之时，其报价也就非常之低。"

格雷厄姆告诫巴菲特，要想成功投资就必须对企业的价值有良好的判断力，避免自己受到"市场先生"影响，否则投资是很容易失败的。恩师的话让巴菲特回想起11岁时第一次购买股票的情景，当时正是因为自己受到市场波动的影响，才做出错误的判断。格雷厄姆的教诲使巴菲特对这件事情进行了深入思考，在日后的投资活动中，巴菲特一直都信守着投资而不投机的信条。

巴菲特从格雷厄姆那里学到的不只是投资理念，他还学到不少必备的投资技能：如何阅读年度财务报表、如何发现有价值的企业、如何从一家公司的公开信息中得到对公司证券价值的客观评判、如何规避投资风险……

1954年，巴菲特进入恩师的格雷厄姆·纽曼公司工作，两年的工作经历让他一生受益匪浅。在此期间，巴菲特对大量的上市公司进行深入的研究，大大地锻炼了自己的投资技能。在这些调查分析工作中，巴菲特深切地体会老师投资理念的卓越优点，但是也发现某些不足之处，这为他以后吸收其他大师的思想并青出于蓝埋下了种子。

投资点拨

1. 聪明的投资人不应当因股价的波动而分心，而要专注于企业价值。通过分析企业价值，就能买进相对便宜的股票。
2. 投资不能跟随"市场先生"翩翩起舞，否则很难成为最后的赢家。

● **股神的投资经验**
（如果一家公司符合以下10条中的7条，可以考虑购买）

1. 这家公司获利与股价之比（本益比）是一般AAA公司债券收益率的2倍。
2. 这家公司目前的市盈率应该是过去5年中最高市盈率的2/5。
3. 这家公司的股息收益率应该是AAA级公司债券收益率的2/3。
4. 这家公司的股价应该低于每股有形资产帐面价值的2/3。
5. 这家公司的股价应该低于净流动资产或是净速动资产清算价值的2/3。
6. 这家公司的总负债应该低于有形资产价值。
7. 这家公司的流动比率应该在2以上。
8. 这家公司的总负债不超过净速动清算价值。
9. 这家公司的获利在过去10年来增加了1倍。
10. 这家公司的获利在过去10年中的2年减少不超过5%。

巴菲特金玉良言：
要学会以40分钱买1元的东西。

◆ 费雪

巴菲特曾说自己有两位"精神父亲"，一位是班杰明·格雷厄姆，一位是菲力浦·费雪。能够拜在二位大师名下，是巴菲特一生中最引以为傲的事情。费雪是成长股投资策略之父，也是华尔街极为推崇的教父级投资大师之一，而费雪对巴菲特投资思想的影响仅次于格雷厄姆。

费雪于1907年出生于美国法兰西斯科，毕业于史丹佛大学商学院，毕业之初便以一名证券统计员的身份开始了自己的投资生涯。

费雪在20世纪50年代成为华尔街上知名的投资大师，他也是推崇理性投资的代表之一，这点与格雷厄姆十分类似；他们二人的不同之处在于格雷厄姆主推价值投资，主张以低于企业内在价值的价格购入股票，而费雪则致力于研究上市公司的类型与特质，寻找盈利前景好的股票。

费雪的选股原则与格雷厄姆完全不同。格雷厄姆不关心公司的质量，只关心其股价是否便宜；而费雪的策略则完全相反，他的关注重点放在公司的质地上，他的目的是要寻找那些在未来几年内盈利大幅增长的公司。费雪认为格雷厄姆那种买"便宜货"的方式并不是最好的投资方式，最好的投资方式是买入业绩优良且管理一流的成长型公司股票。费雪的观点正好弥补了格雷厄姆的不足，这让巴菲特受益颇多。巴菲特也在后来的实践中得出相同的结论：以合理价格买入一家盈利预期优秀的公司股票，要比以便宜价格所购入股票的效果好得多。

费雪为了准确地判断一家公司是否具备成长性，还创立了一套完整的理论分析体系，其主要内容包括以下几方面：公司是否为朝阳产业，这决定了公司以后是否具备充分的市场潜力；公司是否有市场潜力，市场潜力大的公司往往会拥有高于平均水准的盈利能力；公司能否有效地控制成本，费雪认为能有效控制成本的公司往往能经得起市场考验，因而能维持高于平均水准的盈利；公司是否具备高水准的行销能力，即使产品或服务十分优秀，行销能力不足也将限制其发展；投资对象是否有致力于长期发展的战略；投资对象是否是依靠发行股票融资来维持其较高的成长速度；公司的管理层是否具有高水准的经营管理能力、是否诚实正直、是否具备强烈的责任心。为了解各公司的这些情况，费雪还创立了"葡萄藤"战法。他通过访问公司高层、员工、顾客及竞争对手等，慢慢地从像葡萄藤一样杂乱无章的资讯中，摸清这家公司的真实情况。

费雪除了善于发掘成长股外，还喜欢集中投资和长线持股，这些观点也十分为巴菲特所认同。费雪在寻找杰出公司时，主要是从现有年度和中期财务报表、最新的招股说明书等材料中，对公司进行了解和分析。他在确定买入时机时，认为在目标公司的盈利即将大幅改善，但盈利之增长预期还未大幅推涨股票价格时，为购进时机；而在公司出现暂时性问题直接导致公司股价大跌之时，为购进的绝佳机会。费雪还强调不要过度分散投资，他认为人的精力总是有限的，过分的分散只会使投资者买入很多并不了解的公司股票，这比集中投资更加危险。

费雪还是一个坚定的长线投资者，他认为要想获得最大的收益，只有在满足三种情况之一时，才可以出售手中的股票：一是随着时间的推移，公司的经营每况愈下，不再属于优质成长类公司的标准；二是买入时犯下错误；三是发现更好的目标。除此之外，仅根据市场每天的涨跌起伏来决定是否卖出手中的成长股是非常之愚蠢的。费雪认为最荒谬的说法，便是手中持股已有很大的涨幅就把它们卖出，转而去购买其他还未上涨的股票；他认为，只要优秀公司的价值在不断增长，就会使其股价不断上涨；反之，质地低劣的股票因为价值没有发生变化，因而其股价也不可能持续上涨。

费雪的理论既有深度又有广度，同时还有很强的可操作性，因而深深吸引着巴菲特。巴菲特上门与费雪进行深入的探讨。费雪很欣赏这位好学而又谦虚的青年，所以便将自己多年的投资心得与精华都传授给这位年轻人。巴菲特得到费雪的真传后，其投资理论及手法也就更上一层楼了。

巴菲特在长期投资的道路上，走得比费雪更加长远，取得的成就也远高于费雪；即便如此，巴菲特仍然把费雪视为自己的精神之父，称自己体内另外15%的血液来自于费雪。

投资点拨

1. 投资成长型公司的效果远好于那些价格便宜的公司，因为它们的盈利水准在未来会大幅提高。
2. 只要所持有的公司基本面未发生变化，成长性依然优秀，那么持股不动便会享受到远高于市场平均水准的高收益。

费雪挖掘成长股之"葡萄藤"战法

● **费雪投资之十不原则：**

1. 不买处于创业期的公司。
2. 不要担心在战争阴影笼罩下买进股票。

3. 不要因为你喜欢某公司年报的格调，就去买该公司股票。
4. 不要锱铢必究。
5. 不要受无关紧要的事务影响。
6. 不要因为一只好股票在店头交易，就弃之不理。
7. 不要过度强调分散投资。
8. 不要以为某公司的市盈率高，便放弃购买。
9. 买进时除了价格外，不要忘记了时机因素。
10. 不要随波逐流。

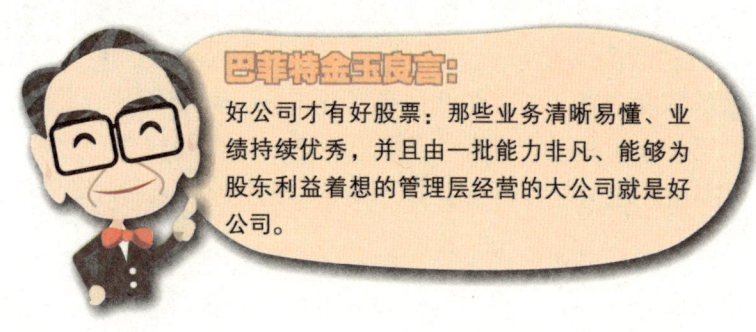

巴菲特金玉良言：
好公司才有好股票；那些业务清晰易懂、业绩持续优秀，并且由一批能力非凡、能够为股东利益着想的管理层经营的大公司就是好公司。

◆ 凯恩斯

约翰·梅纳德·凯恩斯是西方经济发展史上一位举足轻重的经济学家，同时也是一位极其出色的投资大师，他曾被誉为资本主义世界的救星、战后繁荣之父等，凯恩斯同样对巴菲特影响至巨。

凯恩斯于1883年出生于英国剑桥，其父亲是一位经济学家，母亲则是剑桥市的市长，优秀的家庭背景赋予凯恩斯很深厚的期望，而他也不负众望，取得剑桥大学经济学硕士学位。

毕业后，凯恩斯在外交部负责过一段时间的国际事务，然后进入母校剑桥大学讲授一般经济学。在剑桥任职期间，凯恩斯开始专注研究货币、信用和价值，这些研究为他以后所从事的投资，带来巨大的帮助。

凯恩斯不仅是一位经济学家，还是一位出色的投资者。1921年，凯恩斯开始从事大宗商品和股票投资，他投资近6万英磅，几年后增值了5万多英磅，从此在证券业赢得响亮的声誉。二次大战期间，凯恩斯担任英国财政部顾问，战后又积极参与了筹建国际货基金组织和世界银行的工作。1944年，他率英国代表团出席美国布雷登森林会议，并当选为国际货币基金和世界银行的董事。此外，凯恩斯还担任过保险公司的董事长、创办过几家投资公司，从资本市场中赚取大量的财富。

凯恩斯认为，投资者取得成功的关键在于能否及时把不好的东西推销给别人。他告诉投资者，在股票市场上，只须预测两方面的东西便可获得成功，这两样东西分别是群众心理和他们将要采取的行动。

凯恩斯认为未来股价的预测是公众心理的产物，也是公众信心的标志，不过这仅仅是一种希望或愿望；但是预测要根据事实，事实又可分为两类：一类是不太清楚然而又关系重大的事实，一类是较清楚但是关系不大的事实；然而大多数投资者一般都依据后者预测未来，其非理性一面远超出了大家的想象。正如大家所见，许多非常聪明的人，一旦进入股市之后，就变得愚蠢、不可理喻。这也是为何股市里，总有人像牛一样被别人牵着鼻子走。

凯恩斯还认为在股票市场上，最精明的人主要是通过预测大多数人的心理和他们即将采取的行动，而不是预测真正事实的趋势。不管大众的行动是否有道理，只要先他们一步便可成为赢家；然而对于大众群体而言，多数人对于自己的投资是有一定心理障碍的，他们胆小、贪婪、急躁，并且心神不宁，因而很容易做出不理智的预测。这种人很容易落入股市陷阱，并造成资金上的损失。

巴菲特对凯恩斯的观点十分赞同，他也认为除了上帝以外，谁也无法准确预测市场；因为股市是一个很多人参与的市场，人在市场和金钱之外尚可保持理性，不过一旦进入其中后，便会暴露出非理性的一面。人只要失去理性就会变得愚不可及，做出一些十分荒诞的事情来，被别人牵着鼻子走也就不是什么奇怪的事情了。市场上的那些大资金和大投资者，正是利用了普通投资者的这种弱点，使用各种各样的手段来谋取利益。

凯恩斯对自己的投资活动下了全面的总结，最后得出：对所要投资的股票必须经过严格的筛选，而且要将数量控制在一定的范围之内；对于长期投资的品项，不要因为股价的波动而放手，一定要坚持到既定收益或证明此项投资是错误之时才可卖出。凯恩斯的这一观点与巴菲特的集中原则和长期投资原则有着惊人的一致性。

第一章　奥马哈的神话

投资点拨

1. 如果你非常了解一家上市公司，并且十分看好它，那么就没有必要再去投资你不了解或是并不看好的公司，你所要做的就是持有它直到产生预期收益为止。
2. 在股市上，你要做的仅仅是比别人先动一步！

股市上的常胜军是那些战胜自己的贪婪与恐惧，并懂得如何利用别人的贪婪与恐惧之人。

巴菲特金玉良言：
我们也会有恐惧和贪婪，只不过在别人贪婪的时候，我们恐惧；在别人恐惧的时候，我们贪婪。

27

黄金搭档：查理·芒格

几十年来，巴菲特和他的波克夏·哈萨威公司取得了史无前例的成功；而在这些光芒的背后，有一个人不得不提，他就是有着"最后的秘密武器"之称的查理·芒格——巴菲特的老搭档，波克夏的二号人物。从1978年起，他就一直担任波克夏·哈萨威公司的副主席至今。

由于巴菲特和波克夏的巨大成功，掩盖了芒格的才华，所以芒格在外界的知名度、透明度一直很低，其智慧、价值和贡献也被世人严重低估，但他同样为波克夏的成就做出了显著的贡献。

芒格聪慧过人，就连巴菲特的儿子们都认为自己的父亲只是第二聪明的人，而芒格才是世界上最聪明的人。

芒格是巴菲特最佳的合作伙伴，他俩都是奥马哈人，芒格要比巴菲特大几岁。芒格小时候和巴菲特家族曾有往来，他十几岁时在巴菲特爷爷的杂货铺打过一段时间的工。

1948年，芒格从哈佛大学法学院毕业后，先后从事过律师、房地产投资等工作，并在一个名为"自治社区工程"的专案上，赚取了人生的第一个100万。

1959年，芒格经人介绍认识了巴菲特，两人都非常欣赏对方的才华，有种相见恨晚的感觉，因此他们一见如故并惺惺相惜。

从此以后，他们经常互通电话，彻夜分析、商讨投资机会。"芒格往往以一个律师特有的眼光来认识金融投资领域，他懂得这个行业的内在规律，能够比常人更迅速准确地分析和评价任何一桩买卖，是一个完美的合作者。"波克夏的一位合伙人曾这样评价芒格，并说"芒格与巴菲特比你想象的还要相像，巴菲特的长处是说'不'，但芒格比他做得更好，因此巴菲特把他当作最后的秘密武器"。

后来巴菲特也坦言："芒格把我推往另一个方向，而不是像格雷厄姆那样，只建议购买便宜货。他拓展了我的视野，我以非比寻常的速度从猩猩进化到人类，否则我会比现在贫穷得多。"

芒格与巴菲特有非常多的相似之处，他们同样有着坚定的意志和敏锐的洞察力，虽然两人有时有会因为投资上的分歧而发生争执，但从未破坏彼此间的友谊与合作。同中取异与相互欣赏是两人一直合作下去的重要原因。

芒格后来在谈到自己的成功投资经验时，认为优秀的品性比大脑更重要。他常站在投资理论之外想问题，他的思维与众不同，因此也经常可以得出一些有趣的结论。

芒格和巴菲特一样，同样是个谦逊的人，他也从不认为自己是个投资天才，对于自己所获得的成功认为只是比别人多了一些理性而已，如果所有投资者都能多一些理性，也同样能获得一样的成果。

芒格认为成为一个理性投资者的重要性不言而喻，就他自己而言，绝对不容许把几百亿美元随随便便地搁在那儿，也绝不会购买一支没有把握或不了解的公司股票；因为如果不这样，不但可能挣不到任何钱，还可能造成严重损失。

芒格和巴菲特一样，也是格雷厄姆的忠实信徒。他建议初入金融领域的年轻人应多拜读格雷厄姆、费雪、凯恩斯等投资大师的著作。

此外，芒格十分推崇集中投资策略，一直将自己的绝大多数精力放在少数几支能产生高额收益的股票上；同时，也会在股票的市场价格远低于其内在价值时，才会大量购入股票。

这些投资策略都与巴菲特极为相似，因此巴菲特对这位黄金搭档十分信任，多次在公开场合表示："一旦我出现任何不测，芒格都能立刻执掌波克夏，不会带给公司股东任何损失。"

投资点拨

1. 投资领域没有天才，如果你想涉足这一领域，最好先做好功课，毕竟如果你因无知而犯错，损失的将是自己的金钱。
2. 如果你知道一个东西值10元，而现价仅为1元，那么要做的事情就是大量购入，静待价格回到10元后，再将其抛出。

芒格的经典语录

- 生活就是一连串的"机会成本"，你要与较易找到的最好人选结婚，投资与此何其相似啊！
- 如果你的思维完全依赖于他人，只要一超出自己擅长的领域，就求助专家建议，那么你将遭受很多灾难。
- 不要跟一头猪一起摔跤，因为这样你会把全身弄脏，而对方却乐此不疲。
- 分散投资只会令自己分身乏术，宜重锤出击，集中火力专攻少数优质企业，致富路上便能一本万利。

巴菲特金玉良言：
因为我把自己当成是企业的经营者，所以我成为优秀的投资人；因为我把自己当成投资人，所以我成为优秀的企业经营者。

波克夏的闪电式增长

波克夏·哈萨威公司的前身是一家拥有百年历史的纺织公司，鼎盛时期旗下共有十四家纺织厂。20世纪上半叶初期，原本繁荣昌盛的纺织业遭到致命的打击，到了五六十年代，公司已经濒临破产边缘，十四家工厂也纷纷关闭，出售了一半。

在当时，很多投资者对波克夏公司几乎毫无兴趣，在他们眼里，波克夏公司完全是一个抽剩下的雪茄烟头；然而巴菲特却对波克夏情有独钟，他在1962年首次以每股7美元的价格，在市场上购入一些波克夏公司的股票，并成为该公司的较大股东。

波克夏真的如其他投资者所想的那样，仅仅是个抽剩下的雪茄烟头吗？当然不是！巴菲特当时即根据"内在价值"的原则，购入其股票。后来的事实证明巴菲特这一决定非常英明，而他正是通过波克夏成就了自己的投资王国。

在此后的几年时间里，巴菲特不断购入波克夏的股票，到了1965年，他手中已经握有波克夏70%的股份，并且当上公司的董事长。这时的波克夏可以说是一穷二白，只剩下二个工厂和不到100万美元的资产净值，但这些都没有动摇巴菲特的持股信心。

巴菲特对公司进行一系列的整治，出售最后两家工厂中的其中一家，并对公司的人事做了新的安排，任命精通公司业务的蔡斯为新的副总裁。在蔡斯的苦心经营之下，公司的业务开始回升，不久后便转亏为盈，而股价也开始随着业绩的回升而大幅反弹，巴菲特的账面上也因此出现了比较可观的收益。

随后，巴菲特通过波克夏这一平台，开始了一系列的投资收购活动，他要把波克夏公司打造成一个资产王国。1967年，巴菲特通过波克夏名义，以860万美元购买了奥马哈的两家明星保险公司，即国民赔偿公司、火灾及海运保险公司的全部股份，正式进军保险业；紧接着，波克夏又收购了伊利诺州国家银行及信用公司的绝大多数股份；另外，也收购了一家名为蓝筹的票据公司，该公司拥有6000万美元可随时变现的短期票据，这为巴菲特随后的收购行动，提供了极大的便利。

1969年，美国登陆月球成功，整个美国沉浸在欢欣鼓舞之中，股市更是一路看涨；然而巴菲特却在这时候做出一个令人惊讶的决定。1970年，巴菲特宣布解散之前成立的合伙人公司，理由很简单，他在市场上再也找不到股价低于市场价值的股票。事实证明巴菲特又一次做出了正确的决定，美国股市在1970年初之后便开始接连下挫。综观合伙人公司自1957年成立到1970年13年间的表现，其年均收益率达到了29.5%，远超出同期道琼斯指数22个百分点。在这13年里，道琼斯指数共下跌了5次，而合伙人公司却一直在稳步前进。

1970年合伙人公司解散后，巴菲特以个人名义从其他合伙人手中购买了一部分波克夏公司的股份，总共拥有24万股波克夏股票，约占公司股份的25%。巴菲特的收购并未因合伙人公司的解散而停止；相反地，还愈演愈烈。

1972年，巴菲特以2500万美元高价收购了喜诗糖果公司，该公司在随后的十年间为波克夏带来了2.12亿美元的税后收入。

1977年，巴菲特以3300万美元的价格购买了《法布罗新闻晚报》，进军报业传媒领域。这一交易虽然在开始的几年并没有给波克夏带来收益，甚至还带来一定的损失，但经巴菲特的整治后，在几年之后就取得十分可观的收益。这让巴菲特尝到了新闻出版业的甜头，也为以后收购美国广播公司和《华盛顿邮报》埋下伏笔。

波克夏·哈萨威公司在巴菲特的领导之下，真正实现了闪电式的增长，已经成为一家影响深远的投资控股公司，旗下控股公司高达百家以上，涵盖领域广泛，其中不乏美国运通、可口可乐、吉列、《华盛顿邮报》、富国银行等知名公司。

自巴菲特掌管波克夏以来，公司的股价自每股7美元，上涨到最高每股15万美元；而巴菲特也因持有波克夏公司31.1%的股份，多次问鼎世界首富。

2007年以来，虽然世界经历了一场史无前例的金融海啸，巴菲特和他旗下的波克夏公司也遭受不小的损失，但相对于众多的华尔街投信业而言，巴菲特和波克夏已经做得相当不错了，他们完全有能力在将来再度迅速崛起。

投资点拨

要想在股市中获胜，就应当跳出常人思维，利用从众思想，在别人不看好时买进，在别人看好时卖出。跌多了就会涨，涨多了就会跌，这是股市最朴素之道理。

波克夏王国：可口可乐、《华盛顿邮报》、吉列、GEICO、喜思糖果……

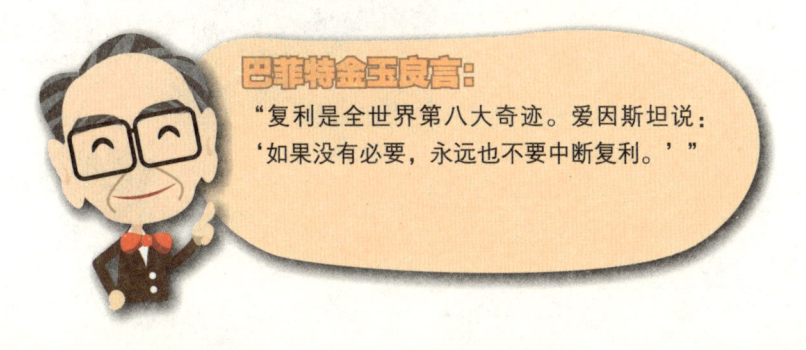

巴菲特金玉良言：

"复利是全世界第八大奇迹。爱因斯坦说：'如果没有必要，永远也不要中断复利。'"

第二章
分享巴菲特的思想盛宴

　　虽然人人都认为巴菲特是个投资天才，其投资才能是与生俱来的；然而巴菲特自己却不这么认为，他认为自己的投资没有任何秘密可言，只要投资者愿意学习，人人都可以做得跟他一样好，甚至更好。他对那些不肯学习，将投资的成绩寄望于运气的人，有一句十分著名的忠告："人们总是顽固地拒绝学习，而且在明知学习将对他们大有好处时还是如此。我们对于思考与改变总是存在巨大的抵抗力，多数人宁愿死也不愿动脑子，后来他们真的就死了。这句话千真万确。"那么，接下来让我们一起来看看巴菲特是如何做到的，一起分享巴菲特的思想盛宴吧！

确定自己的能力圈

我们可以很清楚地发现一件事：证券分析师都是以服务对象的行业来划分的，比如保险业证券分析师、房地产业证券分析师、通信业证券分析师等，他们只专注于自己的圈子。

一个成功的投资者一年所投资的股票一般不会超过十只；相反地，绝大多数的投资者一年所购买的股票数量至少不下百只。其实每一个成熟的投资者都应当有自己的能力圈。

巴菲特在1996年首次提出"能力圈原则"：投资人真正需要具备的是对所选择的企业进行正确评估的能力。

这里提到的"所选择"这个词，是一个重要概念，就是说只确定一个或几如自己比较熟悉的行业和企业，集中精力，不断对其进行跟踪研究，达到了如指掌的程度，以使自己能够随时把握和轻松驾驭该市场或行业领域出现的新趋势，最大效率地利用该板块或相关个股的市场机会，更准确地做出明智的投资决策。

巴菲特告诫投资者在选择投资对象时，必须先选好特定的范围，集中投资在自己所了解和擅长的领域。他认为选股就像是在选老婆一样，只有与她厮守多年之后，才能对其品性、脾气、风格了若指掌，也才能从中获得不错的利润。

任何一个国家的股市里，一定都会有成百，甚至是上千家上市公司，而所涵盖的行业也有几十个之多。从理论上来说，任何一间公司的股票都有上涨的机会，但如果想要在这么大的范围内选择适合且对的股票，就如同大海捞针般困难。

因此，选股必须在自己擅长的领域内进行，比如化工专业出身的人，最好选择化工类股票进行深入研究，而不是投资自己不熟悉的金融板块；对金融业熟悉的人最好选择银行、证券、保险类公司，而不是投资医药类公司；而一个对医药研究很深的人，就没有必要羡慕别人在资源股上赚了钱，因为那是和自己不同的另一块领域。

巴菲特指出："对你的能力圈来说，最重要的不是能力圈的范围大小，而是你如何能够确定能力圈的边界所在。如果你知道能力圈的边界所在，你就会比那些能力圈虽然比你大5倍，却不知道自己的边界何在的人要富有得多。"

巴菲特也常常告诫投资者，要将投资看成是一种理性的行为，如果你不能理解这家企业的精神与营业内容，就绝不要去购买它的任何股票。从巴菲特的这种理念我们可以清楚地了解到，为什么他一直对高科技公司不感兴趣的原因。

如果你是一个真正的价值投资者，按照巴菲特的"能力圈原则"，你应该做的就是：第一步，先了解并画定自己的能力圈；第二步，限定自己研究公司的数量。

正是对能力圈原则的坚持，使巴菲特成功避开了形形色色的投资陷阱，从而获得非凡的成就。

投资点拨

1. 任何人专注于一件事情，并一直坚持下去就能获得成功，投资也是一样。
2. 在你的能力范围行事，最重要的不是这个范围有多么大，而是你画定的边界有多么合理。

选择适合自己的投资对象

化工专业出身的人,最好选择化工类股票进行深入研究,而不是投资自己不熟悉的金融板块;对金融业熟悉的人最好选择银行、证券、保险类等公司,而不是投资医药类别的公司;而一个对医药研究很深的人,就没有必要羡慕别人在资源股上赚了钱,因为那同样不是你所了解的行业。

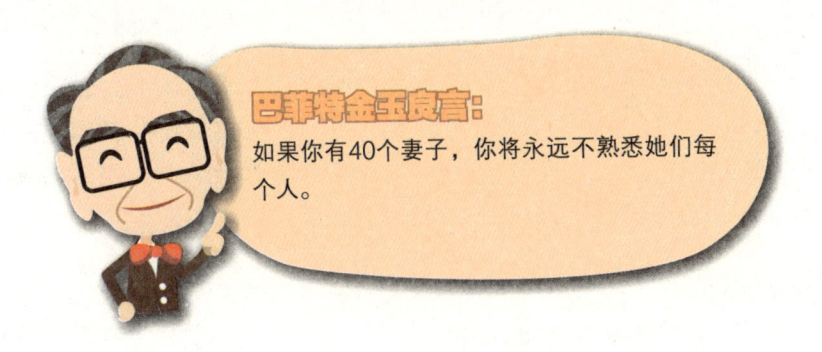

巴菲特金玉良言:
如果你有40个妻子,你将永远不熟悉她们每个人。

情绪是投资的最大敌人

投资是金钱与数字的游戏,自股票市场诞生以来,投资者的行为并没有太多改变,他们仍然感情用事,不时被恐惧和贪婪所支配,所以愚蠢与错误总是不可避免。

由于市场是由所有投资者的集体决策所决定的,因此可以毫不夸张地说,整个市场就是被人们的心理因素推来拉去,而股市只有两种情感:希望与害怕。正是这两种情感驱使你做出买进或卖出的投资决策,包括聪明与愚蠢的决策。

事实上,投资者为情绪付出的代价远比无知大,对那些经常改变自己行为的人来说,更是如此。人类身为一种社会化的生物,情绪与心理极易受外在环境的影响,因此也常常不能正确地意识到成败的机会与可能性,也无法抗拒眼前的诱惑。

心理学说明,这是一种群体信念的力量在影响着我们,我们会不自觉地受到外在的干扰,影响自己所做的大部分决定。

如果你想在投资领域上获得成功,就必须克服上述的缺点。较好的做法是,一方面,必须冷静而细心地观察事实,而另一方面又要控制自己的盲从情绪,若能做到以上两点,你才能在充满诱惑的股票市场中,保持清醒的头脑与判断力。

通常在投资市场里,人们的情绪总是相互影响的——当股价连续下挫时,我们会发现,似乎每个投资者都同样陷入悲观、绝望的情绪之中,且互相唉声叹气。

当你持有的股票下跌时,你也会害怕损失更多资金,所以决定跟随市场卖出该股以停损,那些拥有大量股票的人眼看自己的财富缩水,必定会感到心痛;而那些当股价在高位时没有舍得卖出的投资者,眼看着本应该到手的财富转眼间化为泡影,更是后悔不已。

这样一来,人人都感到后悔不安,市场顿时失去信心,股价开始狂泻。美国历史上有名的几次股市大崩盘,都是由于投资者集体丧失信心所致,和经济景气与否并无真正关系。

当你持有的股票股价上涨时,你可能又开始担心自己的利润会在几天后突然减少,于是,你决定卖出这支股票;然而,当你卖出后,股价却仍然疯狂地上升,你开始感到扼腕且后悔莫及。你一定不明白,为什么总是事与愿违呢?其实,这都是情绪惹的祸!

所有的投资者在投资过程中,无论是资金处于危险中还是处于获利中,情绪都会随着股价的波动而起伏不定;但股市并不知道你是谁,也不在乎你怎么想,更不关心你希望看到的是什么结果。

而且,大多数的人并不会从自己过去的错误中记取教训,反而常常"信心十足"地犯下同样的错误,其根本的原因在于他们认为自己已经从原先的错误中得到教训;不过,通常真正的事实却是——虽然交了昂贵的学费,可是他们什么也没有学到。

所以,巴菲特认为,投资者的头号大敌人不是股市而是他们自身,即使你拥有超级的数学、金融、财经知识,但不能控制自己的情绪,便不可能在投资过程中获利。

投资点拨

投资并非智力游戏,一个智商160的人未必能战胜智商130的人,战胜非理性情绪才是投资成功的关键。

巴菲特金玉良言：
我们没有必要比别人聪明，但我们必须比别人更有自制力。

大崩盘

套牢　　没有新股民入场　　割肉离场

持有股票的投资者全部被套牢，没有新股民入场，并且被套牢的股民只想割肉离场，而不肯买进股票时，就会造成恶性循环，股价持续下跌，最终造成股市关门，这就是大崩盘。

小提醒：如何战胜恐惧

1. **记录投资笔记**：巴菲特会在每日的走势图上标出他买进和卖出股票的位置，并详尽记录当时这样做的理由。他认为，如果在投资时不能正视自己所犯的错误，那么成功便会遥遥无期。

2. **坚定信念**：每个投资者都知道巴菲特的那句名言——在别人胆怯的时候勇敢，在别人恐惧的时候贪婪。这曾让巴菲特受益菲浅，如果你做到了，同样也会受益终生。

简单才是真理

全球知名跨国企业当中，可能要数麦当劳最懂得"简单就是力量"了，它的产品是世界上最简单的，经营管理理念也以简单化、标准化、专业化著称，而正是这种可大量成功复制的简单化、标准化的经营模式，让麦当劳得以跻身全球500强之列。

有许多人都认为，成功就是非得做出一些非凡的事情来，而投资也是如此，但这其实是错误的想法。

巴菲特的老师格雷厄姆早在几十年前就曾经说过这样一句话：在投资中欲成非凡之功，未必需要做非凡之事。巴菲特也正是遵循了这一简单法则——全神贯注地做好基本事务，并且永远不会忘记准备做的事情——才取得非凡之成就。

然而在现实中，大多数投资者都愿意根据复杂的技术指标和走势图表来进行投资，却不愿根据简单实用的常识来进行理性投资。

有的人对江恩理论、波浪理论、形态理论、均线理论、技术指标、K线理论、量能理论样样精通，每日全天候操作，买进卖出忙得不亦乐乎，最终却亏损累累。这样的人比比皆是，他们忘记了巴菲特曾说过的一句名言："最赚钱的股经最简单。"

在股市里，投资者常常将简单的问题复杂化；其实，简单的就是最好的！巴菲特也一再强调，真正的投资策略就像生活常识一样，简单得不能再简单。

巴菲特认为，投资的关键在于做那些你很容易就可以做好的简单事情，这要比做困难的事情更容易避免错误，更有助于你取得长期的投资成功。他甚至认为，成功的投资并不需要拥有非常高等数学知识，他说："如果高等数学是必需的，我就得回去送报纸了，我从来没发现高等数学在投资中具有什么作用。"

巴菲特认为，投资者只需要学好两门课程就足够了，一门是如何评估企业的价值，另一门是如何思考市场价格。他甚至对商学院的教育体系提出了尖锐批评："商学院重视复杂的程式而忽视简单的过程，但是，简单的过程却更有效。"

严格来说，投资是充满风险的行业，但是，巴菲特在长期的投资活动中，却很少与失败为伍。他的简单投资之道中有一条很实用的方法，就是学会选择与避开。

巴菲特和他的合作伙伴查理·芒格尽管拥有长达二三十年的投资经验，但他们对如何解决公司经营中的困难问题，比起那些管理大师还相差甚远；可是，他们总会选择避开这些问题企业，而选择与避开就是他们投资成功的根本原因。

也许，大多数投资者都可能将股票看成是一种赌博筹码，而将投资行为视为一种赌博游戏；但在巴菲特的眼里，股票就是一种商业。从踏进投资这一行开始，他的注意力并不总在股票上面，而是努力获取商业洞察力。他把股票看成是一种商业，在寻找价值的同时，就像所有的投资者所做的那样，他还把增长看成是价值的另一面。

投资点拨

刀子是最简单的工具之一，然而它却是最实用的工具之一，而且它还最不容易坏。简单并不代表无用，脑袋也一样，尤其是在投资之时。

巴菲特的简单之道

投资之简单之道

宗旨：视股票为商业

巴菲特把股票看成是一种商业，在寻找价值的同时，就像所有的投资者所做的那样，他还把增长看成是价值的另一面。

基础：理性投资

巴菲特从不在自己不熟悉的领域冒充行家，更不会拿1分钱去冒险。

方法：选择或避开

要想投资成功其实很简单，选择自己熟悉的，避开自己不熟的。

生活之简单之道

巴菲特在生活方面从不讲究，力求简单。他所穿的衣服都是很简单廉价的；所吃的也是大街上最普通的食物——汉堡和可乐。他不抽烟、不喝酒，极少去高档酒店。

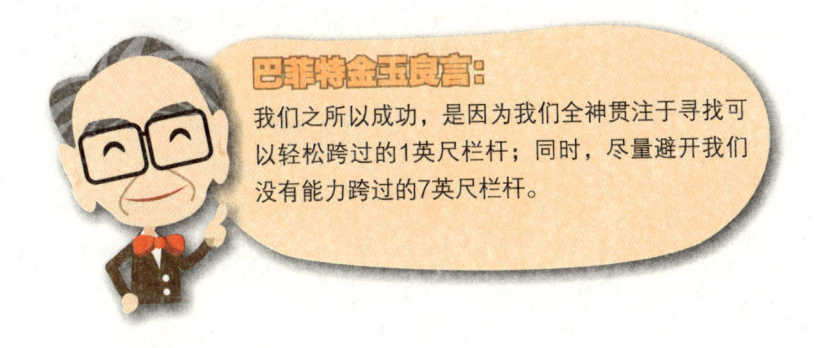

巴菲特金玉良言：
我们之所以成功，是因为我们全神贯注于寻找可以轻松跨过的1英尺栏杆；同时，尽量避开我们没有能力跨过的7英尺栏杆。

像老板一样审视所投资的企业

在巴菲特的投资哲学里，购买的不仅仅是股票，而是企业本身；也就是说，股票投资其实形同拥有企业的一部分，所以进行投资时，必须重视企业的内在本质，因为从长远来看，股价终究会反映出该公司的价值。

投资者要将自己视为企业的所有者，也就是企业的老板。巴菲特的这种观点来自于格雷厄姆，格雷厄姆曾说过："最聪明的投资方式就是把自己当成持股公司的老板。"巴菲特认为，这是有史以来关于投资理财最为重要的一句话。

而大多数投资者都将股票当作是套利的工具，根本不曾想过自己实际是购入企业的一部分，更谈不上以经营者的心态选择企业。由于人们对企业的关心程度不够，所以，常常会在对其还没有充分了解的时候就匆匆下手。

如果我们能将自己看成是企业的主人，我们就会关心它，包括它的过去、现在与未来；它的成绩与失误；它的优势与缺点，明白了这些，我们对企业的价值便心中有数，决策时也更加从容了。

我们可以看看巴菲特是如何看待《华盛顿邮报》的投资。

巴菲特从1974年收购《华盛顿邮报》以来，就一直持有这家公司的股票。20多年来，《华盛顿邮报》让巴菲特和他的波克夏公司收益颇丰。可是，并非人人都能坚持20多年拥有一家企业的股票而不动摇，除非他将自己看成企业的所有者，否则他是不可能做到这一点的。

巴菲特提醒投资者，投资和经营企业基本没有什么区别，投资时所做的一切，要像一个真正的企业所有者那样，明白企业的优势在哪里，知道它下一步会怎么做，并了解它的管理层。

当你注意到一家公司时，你要站在经营者或是大股东的立场对这家公司展开调查。你必须设想：如果你是公司的领导者，你该怎么做？要怎么做？公司有什么样的竞争对手？有什么样的顾客？而且，你必须找出这些问题的确切答案。

也许你对调查上市企业的方法一无所知，不知从何处着手，那么不妨听听巴菲特的4条建议：

建议1： 审查前几年的年度报告，特别要注意当时管理层对未来战略的说法。

建议2： 将当时的规划与今天的结果进行比较，看看它们在多大程度上实现了规划。

建议3： 将几年前的战略与今年的战略和观点相比较，看看有哪些观念上的改变。

建议4： 将你感兴趣之公司的年度报告与同行业内的其他类似公司的报告相比较。两家完全相仿的公司可能很难找到，但哪怕只是比较一下相关的业绩也会产生真知灼见。

记住你为什么要像企业老板一样来检视企业的各方面，因为你投资的不是股票，而是购买了企业的一部分，你了解的点点滴滴资讯最终将影响你购入股票的股价，但重点是必须提前了解。唯有以经营者的心态去深入了解，才能完全掌握企业的情况。

如果你能做到这个程度，说不定已经比实际的经营者更彻底了解该公司，那么你的投资离你期望的成功就更接近了。

投资点拨

最聪明的投资方式就是把自己当成持股公司的老板。

以老板的眼光审视企业

只有以经营者的态度对上市公司深入了解，才能完全掌握企业的各类资讯，做到心中有数，而非盲目投资。巴菲特建议从以下几方面入手：

1. 审查前几年的年度报告，特别要注意当时管理层对未来战略的说法。

2. 将当时的规划与今天的结果进行比较，看看它们在多大程度上实现了规划。

3. 将几年前的战略与今年的战略和观点相比较，看看有哪些观念上的改变。

4. 将你感兴趣之公司的年度报告与同行业内的其他类似公司的报告相比较。

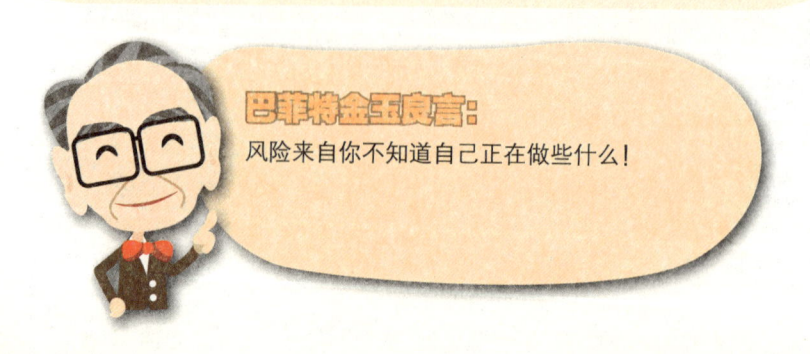

巴菲特金玉良言：
风险来自你不知道自己正在做些什么！

长期持有——着眼于企业未来价值

由于股票最终会反映出人类经济增长的成就；因此，若能长期持股必然会为自己带来丰厚的利润。而巴菲特就深谙此理，一旦买入某企业的股票，巴菲特就会做较长期的持有，他认为没有任何理由值得自己轻易地把优质的企业卖掉。

投资之前所着眼的重点处就是这家企业的未来价值，那么，我们若仅仅是因为股票出现了差价，就急着把它卖掉以获取蝇头小利，这实在是相当愚蠢的行为。

如果我们问巴菲特持股的最理想期限，他会说"永远"——只要企业仍然产生高于平均的经济效益，而且管理层仍以理智的态度分配公司收益，就要继续持股。

巴菲特并不相信通过频繁的交易，就会给自己带来高额的利润，他坚信可以只靠着购买少数几支股票，并通过等待它们增值的方法，就能够获得理想的收益。

而事实也证明他的想法并没有错，巴菲特的投资资金始终集中于他多年来所拥有的少数几家公司上面，而他所拥有的财富中，更有多达80％左右，是从这几支股票中所获得的。

自70年代中期，巴菲特开始收购《华盛顿邮报》的股票，直到他拥有186万股为止。在1985年时，他卖出了该公司的10％股份，并将剩余的170多万股持有到现在；1989年，他更购买了9600万股吉列公司的股份，同样地也一直持有至今。

巴菲特在21岁时，就开始研究并购买政府职员保险（GEICO）的股票，而到1983年时，他已经拥有680万股，后来经过5次的拆分，他陆续拥有多达3400万股份，占该公司总股份的59％，1995年他购买余下的41％股份，全资拥有了该公司。

这种耐心的回报是巨大的，巴菲特在70年代投入到政府职员保险公司的金额是0.45亿美元，当他在1995年全资收购该公司时，其股值已经增值为240亿美元了；而他在1973年投入1060万美元买入的《华盛顿邮报》股份，更是一直持有到现在，这些股份的市值再加上曾出售部分股份所得的收入共有22亿美元之多。

对像可口可乐公司这样的股票，他认为持有的时间是"永远"。巴菲特在1988年投资可口可乐公司时，可口可乐公司的市盈率和收入所得仅仅是现在的零头，而巴菲特看中的是它在全球化发展中的巨大潜力。他认为这将是一种在全球大受欢迎的大众饮料，后来可口可乐公司的全球性发展果然证实了他的看法。

从1959年的40万美元到2007年的520亿美元，我们可以算出这48年中，巴菲特的年均收益率为25％，高于标准的6倍，如果单从某个年度来看，很多投资者对此也许会不以为然。

但是，在这个世界上，没有任何人可以在这么长的时期内达到这个收益率，这是因为大部分的人都被贪婪、浮躁或恐惧等人性弱点所左右，因此，他们成为投机客或短期投资者，而并非像巴菲特一样，是真正的长期投资者。

投资点拨

只要企业能够产生出高于平均水准的经济效益，而且其管理层令人感到诚实可靠，这家企业的股票就值得长期持有。

● 巴菲特长期持有的股票

公司	首次购入时间	持股数量（股）	占总投资比重（%）	售出年度	持有时间（年）
《华盛顿邮报》	1973年	1727765	2.4	至今	36
吉列	1989年	48000000	15.3	至今	20
美国运通	1994年	49459000	11.4	至今	15
可口可乐	1988年	200000000	43	至今	21
富国银行	1990年	729148	8	至今	19
ABC	1976年	24614214	7	1996年迪士尼合并	13
GEICO	1976年	并入波克夏	——	1995年全资收购	33

巴菲特金玉良言：

如果你没有将一种股票持有10年的准备，那么，就请你连10分钟都不要持有它。

不要在意股市的短期波动

投资市场肯定是动荡不安的，股价无时无刻都在波动，有时候变动还相当剧烈。这既是诱惑又是陷阱，波动给股民带来的巨大影响也不言而喻。

巴菲特认为，那些情绪随市场行情而波动的人不是投资家，而是投机客。一位真正的投资家是绝对不会在意市场的动向或每日股价的波动，当他对企业的竞争力、获利能力和发展前景都客观且仔细地分析评估后，需要做的仅仅是等待。

◆ 市场先生与鳄鱼原则

对巴菲特来说，股价波动丝毫不会影响他的情绪。他很早就养成了忽视股价波动的习惯。巴菲特明白，要想追求高于市场平均值的回报，就必须做到这一点。就像在一场汽车越野赛中，你必须忍受颠簸，克服各种可能出现的问题，才能达到终点。

巴菲特认为，那些对市场过于敏感的投资者往往是非常愚蠢的，每每看到股价下跌，他们便如临大敌地想卖出自己的股票。他说："这就好比你花了10万美元买下一幢房子，而后你又告诉经纪人以8万美元把它卖掉，这真是愚蠢至极。"

在巴菲特看来，拥有耐心是一个成功的投资者极为重要的素质之一。巴菲特经常说，只要持有了自己所中意的股票，就算是交易所再接下来的都将关门也无所谓。

忽略股价波动是一门所有人都需要努力学习的学问，我们必须记住一点：股票的行情并不能影响公司的前景，你真正需要关注的是该公司的业绩，而非股票价格。

第二章　分享巴菲特的思想盛宴

对于市场的价格波动，巴菲特的老师格雷厄姆还有一个著名的"市场先生"的寓言：就是设想自己在与一个叫市场先生的人进行股票交易，市场先生的特点是情绪很不稳定。因此，在他高兴的日子里，他会报出较高的价格；相反地，在他懊恼时，就会报出很低的价格。按现在通行的话说，市场常常会犯错，而一个出色的价值投资者会充分利用这种错误。

设想在有一天交易的时候，市场先生突然情绪沮丧，报出了一个低得离谱的价格，那么在这种情况下，投机客常常会按照"鳄鱼原则"的要求停损离场，而价值投资者恰恰相反，会继续加码买入！这就是两种不同价值观主导下之截然相反的交易策略；也就是巴菲特告诫我们的："要把市场波动看做你的朋友而不是敌人。"

事实上，仅以巴菲特旗下的波克夏公司来说，在1973～1974年的经济衰退期间，它的股票价格从每股90美元跌至每股40美元；在1987年的股灾中，股票价格从每股大约4000美元跌至3000美元；在1990～1991年的海湾战争期间，它再次遭到重创，股票价格从每股8900美元急剧跌至5500美元；在1998到2000年期间，波克夏公司宣布收购通用再保险公司之后，它的股价也从1998年中期的每股大约80000美元跌至2000年初的40800美元。可以想见，在这些时候，巴菲特在股票投资方面所受的沉重打击和巨大精神压力。如果按照"鳄鱼原则"，巴菲特应该不知道停损离场多少次了，但如果是那样，我们也不会看到今天的巴菲特了。

在最近一次全球范围的金融海啸中，波克夏也未能幸免，股价从最高15万美元跌至6万多美元，这一次不知又会有多少人运用"鳄鱼法则"停损离场，也许若干年后，市场又会证明这些人的错误是多么地愚蠢。

投资点拨

作为普通投资者，应该减少动辄进场、随意买卖的高风险投资行为。

跟巴菲特学投资

高兴的市场先生：
市场先生高兴之时，会表现得异常兴奋，股市也会随之上涨，人人都会流露出贪婪之形。

沮丧的市场先生：
市场先生沮丧之时，整个股市会弥漫着悲观的情绪，人们此时流露的便是恐惧之色。

鳄鱼原则——巴菲特不赞同的投资法则

鳄鱼原则源自鳄鱼的吞噬方式，猎物愈试图挣扎，鳄鱼的收获愈多。假定一只鳄鱼咬住你的脚，并等待你的挣扎。如果你用手臂试图挣脱自己的脚，则它的嘴便同时咬你的脚与手臂。你越挣扎，陷得越深。

所以，万一鳄鱼咬住你的脚，务必记住：唯一的生存机会便是牺牲一只脚。

巴菲特金玉良言：
如果你一生中只能做20次重大的投资决策，就好比在一张卡片上打20个洞，每打一次，你就少一次。投资者应该以这样慎重的心态来看待投资。

◆ 让市场先生为己所用

多年以来，有效市场理论成为绝大多数投资者所信奉的理论。它深入人心，似乎很少受到质疑。有效的市场理论认为，有关市场的一切资讯都能够正确地反映在股价上，市场是一个有效而完美的系统，投资者的行为是理性的，所以他不可能获得高于市场平均利润的业绩、不可能持续地战胜市场。这种思想在股市诞生以来的大部分时间里占据着重要的地位，许多关于经济与投资的理论都建立在这个框架之下。

在巴菲特看来，那些信奉市场有效理论的观点，只不过是投资者与所谓的经济学家们的一厢情愿罢了。市场本身是一个复杂而多变的系统，在巴菲特眼里，它时时刻刻受到各种各样的影响而偏离正常状态，不可能给你想要的答案。市场是一个充满了戏剧化、情绪化、谎言与欺骗的场所，你不能真正明白它的意图，而一旦被它牵着鼻子走，你就可能会被弄得晕头转向，失去自己的判断力。

那么，究竟要怎么活用市场先生，投资人才能保全自己的资产？当年巴菲特还在格雷厄姆·纽曼基金公司工作的时候，曾经向格雷厄姆提出这样的问题："被市场低估的股票，最后真的会上涨吗？"

格雷厄姆的回答是："市场经常就是这么一回事。"而巴菲特后来自己也这么说过。请各位回想一下，当初巴菲特买进美国运通股份时的投资判断。早在1963年巴菲特购买美国运通公司的股票时，已经开始运用这一法则了。他将自己当时拥有的合伙企业之大部分资金投进美国运通，因为当时这家公司的股票由于一桩商业丑闻，股价从65美元直落到35美元，巴菲特认为这是一个千载难逢的买入机会，他一举将公司40％的资产，共计1300万美元，投在这支暂时遇到麻烦的优秀股票上。

虽然乍看之下，这是相当大胆的投资动作，但是他对于美国运通的强大品牌力相当有信心。理由无他，因为人们还是继续爱用他们的美国运通卡，并没有受到该事件的影响。当时正值信用卡业界的全盛时期，海外旅游的前景一片看好，旅行支票的使用率也节节上升。

事实证明，在接下来的两年里，美国运通公司的股票一路上扬，翻了3

倍，而巴菲特的合伙公司从这次交易中总共赚进了2000万美元的利润。如果巴菲特也信奉有效市场理论，那么，就不会有这笔成功的投资。

所以，巴菲特并不认为市场是理性与有效的。他告诫投资者："不要将市场看作是你的主人，也不要把它当成你的向导，你追逐的是企业，而不是市场动向。"

投资点拨

盯紧优势行业的明星企业，趁"市场先生"沮丧的时候，大举买进是比较明智的做法。

巴菲特投资美国运通事件

1965年，巴菲特投资美国运通公司，当时运通公司由于欺诈丑闻而股价大跌，股价由当初的65美元跌至每股35美元。

在市场纷纷恐慌抛售的时候，巴菲特却看重运通公司是一家有特许经营权的企业，它的结算信用卡以及旅行支票这两块核心业务顺利运转，巴菲特认为这足以让美国运通公司渡过这次危机。事实也是如此，随后的2年内，运通公司股价持续大涨。

巴菲特金玉良言：

不要将市场看作是你的主人，也不要把它当成你的向导，你追逐的是企业，而不是市场动向。

缩小投资范围——远离未知领域

在巴菲特的投资方略里，有一条重要原则，即不投资自己不懂的企业。他常常告诫投资者，要将投资看成是一种理性的行为，如果你不能理解这家企业，就绝不要去购买它的股票。

在巴菲特的投资组合里，几乎找不到网络科技股的踪影；相反地，他青睐那些传统行业的公司，因为他了解它们的盈利前景，如保险、食品、消费品、电器、广告传媒及金融业等。

20世纪末期，美国的股市正因为IT风暴而陷入一片狂热之际，波克夏的绩效也刚好在这一年里，创下历史新低的纪录。由于巴菲特完全不投资任何的高科技产业，因此，当时的投资者都在怀疑巴菲特是否还赶得上这个时代的脚步，甚至还流传着"巴菲特的投资圣经已经不适用在网络时代了"这类的谣言。

在全世界都在为网络科技股疯狂的时候，巴菲特仍旧不为所动、坚守着自己的阵地，显得是那样的固执与寂寞。

这种固执并非是巴菲特在个性上的缺陷，而是他始终忠于自己"绝对不投资自己所不了解的事业"之原则。事实证明，他坚守的这条原则是完全正确无误的。

进入2000年后，IT产业瞬间泡沫化，随着网络科技股的急剧走低，以通用电器为代表的"旧经济"公司股价终于逐渐地见底回升，而波克夏公司也终于赢来了另一个迅速且蓬勃发展的时期；同时，随着网络公司的美梦破灭，纳斯达克指数也急剧下跌许多，这使得许多曾经风光一时的投资人都蒙受了惨重的损失。

网络巨富们身价暴跌，几乎在一周之内，美国线上一时代华纳的董事长凯斯就损失了1.2亿美元；而亚马逊首席执行长官贝佐斯更是损失了23亿美元之多；雅虎的老板杨致远的损失则高达16亿美元；反观巴菲特，他却在此时净赚了5.7亿美元。

沃伦·巴菲特与比尔·盖茨这两位世界上最富有的人是一对极为要好的忘年之交，巴菲特甚至是盖茨婚礼的证婚人，而且，他们都给予对方很高的评价。

巴菲特在谈到比尔·盖茨这个人时曾说："我没有资格评判他的技术能力，但是，我认为他的商业头脑非常地出众。就算比尔·盖茨是从一个热狗摊起家，他也会成为世界上的热狗大王，他在任何游戏中都能赢取胜利，在每一个行业里都会非常出色，但我未必会在他之下。"同样地，当比尔·盖茨在谈到巴菲特时也说过："我以前从不与不懂电脑的人交朋友，但巴菲特绝对是个例外。"

不过，不管巴菲特与他的交情如何，这都不能成为他投资高科技公司的理由。巴菲特一向是一个极为自信的人，可是面对高科技公司时，他表现出了难得的"谦逊"。

尽管微软的股票在近二十年来一直表现出众，巴菲特的波克夏公司却没有持过一股，因为巴菲特对这个行业一无所知，当然也不知它的前景如何。不过，我们应当将他的这种表现看成是理性而聪明的表现。在科技股炙手可热的时代里，巴菲特尽量避免被别人当成傻瓜，他的做法之一就是干脆承认自己不懂。

投资点拨

如果在投资领域不懂装懂，也许可以取得一时之小利，但最终受损伤的概率远大于获利。

第二章　分享巴菲特的思想盛宴

确定自己的投资范围

巴菲特：传统行业、金融、快速消费品、出版传媒等

比尔·盖茨：高科技行业、微软公司等

巴菲特和盖茨专注于自己熟悉的领域，都取得了伟大的成就，你也可以做到！

巴菲特金玉良言：
如果你走在错误的路上，奔跑也没有用。

股票投资应以价值为导向

价值投资思想是巴菲特投资策略的核心内容。简单地说，就是利用市场的波动，以低于股票价值的价格购入股票，然后等待价格回归本来价值，从而获取超额利润。巴菲特称之为"用50美分购买价值1美元的股票"。

价值投资的理念最早由格雷厄姆所提出，巴菲特在自己的投资生涯中不断将其发扬光大。他在60多年的投资生涯中，始终奉行价值投资思想，并以此在全球投资界确立了神话般的地位。

价值投资理论指出一个经谨慎选择，且已分散风险、合理价格的普通投资组合，才可能是聪明的股资。

价值投资理论有一个重要的概念——安全边际，意思是指根据计算，如果股票的价格低于它的价值，则投资资本处在一个安全边际；因为市场经常给予股票不适当的价格，这种错误的标价往往是因为人类惧怕和贪婪的情绪而引起的，这种价格常常背离企业的实际价值，或高于实际价值，或低于实际价值。价值投资的目的就是找出价格远低于实际价值的股票。

价值投资是建立在股票市场的三大特征之上的，即包括以下三个要点。

要点1： 股票价格受一些影响深远而又变幻莫测的因素支配。市场先生集合市场所有投资人的情绪波动，使价格落在某一价格之上。

要点2： 股票作为一种商品，其价格会受到供求关系的影响而出现上下波动，但股票所代表的公司内在价值在一定时间内却是相对稳定的。企业的内在价值不等同于股票的市场价格，尽管价值和价格在某一天可能相等，但在多数情况下，两者并不对等。

> **要点3：** 在股票的市场价格明显低于公司的内在价值时购买股票，最终必将产生超额回报。价值低于价格之间的差距就是格雷厄姆定义的"安全边际"。差距越大越安全。

价值投资策略的核心方法就是，先评估某一股票的内在价值，并将之与市场价格相比。如果该股票价格低于价值并能获得足够的安全边际，就买入该股票。

价值投资应立足于"投资"两字，而投资更不等同于投机。真正的投资行为应该能够提供资本的安全性，以及合理预期下的适当报酬率。

因此，投资者在投资过程中必须要做到的要点为：首先，要以企业所有者的心态自居，并审慎地研究与评估该企业；其次，要能够不受市场波动的影响而做出错误的决定。

价格可能会在一段时期内偏离企业价值，但最终一定会回归价值。充分理解格雷厄姆所说的"短期内，市场是一台投票机；但长期看，它是一台秤重机"。

坚持独立思考，建立并加强源自于知识的自信，是每位成功投资者所必需修习的功课之一。

投资点拨

价值投资的本质源于价值规律，在价值规律里，商品的价格始终围绕着价值做上下波动，在远低于股票内在价值的价格上购入股票，获利超额收益的概率就更大。

价值投资之三要素

股票价格
受一些影响深远而又变幻莫测的因素支配，市场先生集合市场所有投资人的情绪波动，使价格落在某一价格之上。

股票价值
股票所代表的公司内在价值在一定时间内却是相对稳定的。企业的内在价值不等同于股票的市场价格。

安全边际
在股票的市场价格明显低于公司的内在价值时购买股票，最终必将产生超额回报。

巴菲特金玉良言：
安全边际就是"猛砍价"，买价越低，盈利的可能性越大。

集中投资才能获益更丰

巴菲特的个人资产高达数百亿美元，旗下的波克夏公司更是掌管着上千亿的资金。这么庞大的金额用于购买股票，一般人的做法恐怕会萝卜青菜各来一点以分散投资风险，可是股神的做法却并非如此，他将绝大多数的资产都集中于几支自己放心的优质股票之上，而这种集中投资的策略为他的投资带来了巨大的成功。

现在看来，集中投资看似一个极为寻常的想法，但半个多世纪以来，集中投资却长期不被投资界所认同，这与人们想象的多数经验丰富投资者的做法大相径庭。

费雪是著名的集中投资家，他坚信当遇到千载难逢的好机会时，唯一理智的做法就是下大赌注。

巴菲特也是一个典型的集中投资者，他曾在"1993年致股东的信"中，向波克夏的股东解释了集中投资的观点：

"如果你能够了解产业经济的话，应该就能够找出5～10家股价合理并享有长期竞争优势的公司，此时，若分散一般性风险，根本没有任何的意义；一旦那么做，反而会伤害你的投资成果并增加许多的风险。我实在不了解那些投资者为什么要把资金投资在自己心中排名第20位的股票上，而不是把钱集中投资在排名最前面、最熟悉，同时也是风险最小、获利可能最大的公司之上。"

集中投资的精髓可以简要地概括为：选择少数几只可以长期在股市中产生高于平均收益的股票，并将你的大部分资本集中在这些股票上，不管股市波动、坚持长期持股，定能取得理想的收益。

巴菲特在21岁时，曾经将所有的家当投资在GEICO这家公司上，所以这个案例可说是为他应用集中投资的策略展开序幕。此后，只要巴菲特认为自己的判断正确，就会毫不犹豫地采用集中投资的方式。他对美国运通的投资占了整体投资组合中的40％，而波克夏的资产也有25％是集中投资在可口可乐公司上。

若试着整理巴菲特集中投资的经验，我们可以将其归纳为以下三个重要的步骤来进行：

第一步，要确定集中投资的目标企业。巴菲特认为，我们应该将多数的资金投入到最喜欢的几家——最了解、风险最小，而且有最大利润潜力——公司里。

第二步，将你的投资基金按比例分配，将大笔的资金押在获利概率最高的股票上。关于这步骤，需要特别注意的是，巴菲特认为只有在自己的把握很大时，才能下很大的赌注。

第三步，也是大部分的人最难做到的一点，只要事情没有变得很糟，持有股本原封不动至少5年（超过更好），并借此让自己在股价的波动初中会沉着应对、不离不弃。

从上数的巴菲特经验中，我们不难看出集中投资策略其实涵盖了两个非常重要因素：

一是，找出杰出的公司——也就是通过掌握选股的模式，找出你认为值得投资的企业。

二是，押大赌注于高概率事件上——将你的大部分资金集中投资到这一支或几支股票上。

虽然集中投资是一个简单的概念，但简单之中却包含了彼此相关的逻辑学、数学和心理学原理的精华。

第二章 分享巴菲特的思想盛宴

投资点拨

过度分散投资有时不但不能分散风险，反而还会影响资金收益率，这种做法在实战中并不可取。

集中投资的关键在于：

1. 找出杰出公司；

2. 一旦目标确定，便对之下大赌注。

巴菲特金玉良言：

集中投资就是一夫一妻制：最优秀、最了解、最小风险。

以企业内在价值决定买与卖

对于普通投资者来说，最关心的问题莫过于如何把握股票的买卖时机。巴菲特投资策略的精髓就是以长期投资的态度去选择价值被低估、在下跌之中的股票，不求买在最低，安全就好；在价格上涨、不值得长期投资以后卖出，不求卖在最高，有赚就好。比如，他在2007年大市看涨的情况下，卖出中石油股票。

价值投资的先驱格雷厄姆特别强调购买时机，他认为投资者应当力争在股票价格最低的时候再买入。巴菲特虽然也认为投资者应当耐心等待买入时机，但不应当奢求在最低点买入，因为这并不比中头彩容易，只要有足够的安全空间，就可以交易。

如果你对企业做了充分的调查和评估，遵循巴菲特的价值投资策略，那么，以下几种情况，就是你该慎重考虑的出手时机：

情况1： 在某个前景看好，具有投资价值的新企业刚开始发展时。新企业的新产品刚刚开始上市时，会经历一个打开销路的较为困难时期。在这种情况下，大多数投资者对其信心不足，所以它不会成为大家追逐的目标，而如果你对新企业及其产品与发展前景有足够的了解，就可以大胆下手。

情况2： 当好的公司被一些坏消息困扰，而其价值又被市场严重低估时。这是巴菲特惯用的手法，如在美国运通上的投资。

情况3： 在别人贪婪时恐惧，在别人恐惧时贪婪。

对于卖出股票，巴菲特曾说过："如果你拥有的是一家很差的企业，你应该将它脱手，因为只有丢弃它，你才有机会去购买优秀的公司；但如果你拥有的是一家优秀企业，千万不要把它出售，即是在股市下跌的时候。"

同时巴菲特认为，如果企业发生以下两种变化，那么投资者最好的选择就是卖出股票。第一种情况是当你发现自己最初对这家企业所做的评价是错误时；第二种情况是公司的管理方法发生了变化，或是这家公司的发展空间已经非常有限，甚至已经开始走下坡了。

实际上，许多投资者会在以下三种情况发生时，就迫不及待地抛出自己的股票：

一是看见自己持有的股票价格上涨了不少，于是急于套现获利而售出。如果你是一个投机者，这也许是你卖出股票的好理由。但是，作为一个价值投资者，如果你当初的选择是正确的话，你就不应该因为股价上涨到一定的程度，就急着将股票抛售一空，因为真正的大公司会不断地发展壮大，它的股票也是如此。只要企业的发展趋势很好，你就没有任何理由将这个企业的股票卖出。

二是在股票开始下滑时立刻出售股票。许多投资者在市场出现正常波动的时候，害怕遭受损失，或担心失去既有的收益，于是便迫不及待地卖出股票。

三是在正常波动情况下，卖出自己的股票，期待股价跌至更低的时候再重新买入。表面上看来这种做法很合理，但在实际操作中，却常常会因此而失掉宝贵的筹码，再加上你必须支付更多的交易税，以致整个交易成本都会有所增加，极有可能会让你损失更多。

巴菲特认为，如果投资者在选择股票时，从一开始就对企业有较为全面的认知，并对其未来的发展有合理的展望，便大可不必为了获得那一点点的波动差价而如此费心。市场波动是正常现象，你不必跟随"市场先生"起舞。

投资点拨

买卖股票的标准并非是股票的绝对价格,而是价格与价值之间的差距,如果价格远高于价值时,就应当卖出;如果价格远低于价值时,就应当买入。

● 买卖股票的重要观念

正确的做法	1.在某个前景看好,具有投资价值的新企业刚开始启动时买入。
	2.当好的公司被一些坏消息困扰,而其价值又被市场严重低估时买入。
	3.在别人贪婪时恐惧,在别人恐惧时贪婪。
错误的做法	1.看见自己持有的股票价格上涨了不少,于是急于套现获利而售出。
	2.股票开始下滑时出售股票。
	3.在正常波动情况下,卖出自己的股票,期待股价跌至更低的时候再重新买入。

巴菲特金玉良言:
追根究底,我一直相信自己的眼睛远胜于其他一切。

处处留心，发现身边的投资机会

不论你是一个管理庞大资产的投资专家，还是一个业余投资者，要想发现理想的投资对象，都必须具备敏锐的嗅觉，只有这样，才能抢在别人的前面，发现那些好的投资机会。

巴菲特认为，投资者应该具备两种能力：一是发现商业机会的敏感性；二是必需的专业知识。

事实上，出色的投资人都是有心人，他们会留心身边的事物，并在其中发现投资的机会，而巴菲特就是这样的一个有心人。

当巴菲特在投资美国运通公司时，运通公司因色拉油丑闻事件而导致股票价格急剧下跌，可巴菲特注意到，人们仍然在餐厅和商场大量使用运通公司的信用卡，消费者并没有因公司股票下跌而放弃他们已经习惯的消费方式；而正是这一点，促成巴菲特投资运通公司的决策。

正如巴菲特告诫投资者："认真听听你的孩子们的看法，听听他们如何评论可口可乐或是耐克，好好留意一下购物中心的人群正在哪种商品前大排长龙，这样做对你是非常有好处的。"

生活中并不缺少机遇，缺少的是能发现机遇的眼睛。有时候，一些绝佳的投资机会可能就在你的眼前，只是你没有发现而已。

你或许正在为自己日益增加的体重发愁、正着迷地尝试各种新的减肥方法，并买来一堆健身器材；这时你是否想过，你所做的一切除了让自己变得苗条以外，那些健身行业的公司是不是也会从中受益呢？如果健身运动在社会上逐渐风行，并成为一种时尚，那么从事这些行业的公司是否会有一个业绩迅速上涨的大好机遇呢？

股票并不是交易所里不断变换的数字，每只股票的背后，都有其所代表的企业、管理者、产品与市场。产品与服务最后能否得到消费者的认可与喜欢，是决定企业盈利能力的最重要的因素。

如果你预期到某种商品与服务有一个大好的前景，那么，与此商品相关的企业必定会有一个业绩上涨的好时期产生；如果你分析到某种产品与服务已落后于社会发展的趋势，那么，与此相关的行业与企业就不应该是你投资的对象。

当然，趋势并不能简单地代表某个行业的未来，身为一个投资者，你必须具备适当的专业知识来做进一步的分析，而产业分析能力，对一个投资者来说，显得尤为重要。

总结巴菲特的投资经验，除了他具有善于发现投资机会的才能以外，他对于整个产业的了解和分析所具备的专业知识，同样令人感到相当地钦佩。巴菲特在选择投资对象时，通常会重点寻找具有产业吸引力且相当稳定的企业来投资。

产业的吸引力主要表现在净资产收益率以及产业平均盈利能力上。高的净资产收益率代表企业将源源不断地为其股东创造更多的价值，而高的净资产收益率则同时伴随着高的净利润增长率。若我们回顾过往的经济状况与发展，就不难发现那些净资产收益率持续超过20%的企业，通常都会获得很高的溢价。

巴菲特认为，"主业长期稳定的企业往往盈利能力最强"。每个对巴菲特投资策略有所了解的投资者，都知道他最大的特点是持股常达数年甚至十几年之久。

巴菲特之所以如此大胆且长期地持有某个企业的股票的根本原因，是因为他相信具有产业吸引力和高稳定性的企业，一定能够持续、不断地为股东创造利润。

投资点拨

巴菲特之所以敢长期持有手中的股票,是基于对所选企业进行过深入分析,它们大多是稳定发展的成长性企业。

● 巴菲特眼中的优秀企业

第 一	企业有稳定的经营史,并有良好、可持续发展的成长性。
第 二	企业业务简单,易于理解。
第 三	企业有较强的商业特权。
第 四	企业已证明有持续的盈利能力。
第 五	企业的利润必须是现金利润,而不是通过做假账而来。
第 六	企业财务稳健,资本支出少、自由现金流量充裕。
第 七	企业具有较好的资本回收率。
第 八	企业的固定资产投资收益率较高。
第 九	企业的经营者理性、忠诚,始终以股东利益为先。
第 十	价格合理,有较大的安全边际。

巴菲特金玉良言:
主业长期稳定的企业往往盈利能力最强。

寻找市场中具有优势地位的公司

在选择了具有较好吸引力的产业后,那么在这个产业众多的企业中,投资人应该如何选择呢?

巴菲特认为,关键是分析企业的竞争优势及其可持续性。他一再强调:"对于投资来说,关键不是确定某个产业对社会的影响力有多大,或者这个产业将会增长多少,而是要确定所选择企业的竞争优势,以及确定这种优势的持续性。"

◆ 分析企业的竞争优势——寻找有优势地位的企业

巴菲特之所以强调要投资于具有持续竞争优势的企业,是因为对于长期投资来说,股价最终取决于企业的内在价值,而具有竞争优势的企业与竞争对手相比,往往拥有更高的盈利能力,能够获取更多的利润。

在市场竞争中,一个企业具有竞争优势并由此拥有超出产业平均水准的超额盈利能力,必然会吸引许多其他企业进行模仿和进入,从而会引发激烈的市场竞争,使超额盈利水准下降直至消失。如果企业能够在较长的时期内保持竞争优势,它也将持续保持超过产业内其他竞争对手的盈利水准。

什么是竞争优势呢?企业的竞争优势就是指一个企业在向客户提供产品或服务的过程中,所表现出超越其他竞争对手的一种优势,并依靠这种优势,使该企业能够在一定时期内保持超出产业平均水准的价值增值能力。

我们可以用一个微观经济学方程式对竞争优势进行简化的分析(忽略不计费用与税金):

利润=销售量×(单位销售价格−单位生产成本)

=市场份额×市场总销售量×单位销售利润

=市场份额×市场总销售量×(单位销售价格−单位生产成本)

具有竞争优势的企业一般会比竞争对手获得更多的利润。这种超额利润源于更多的市场份额、更低的生产成本、更高的销售价格。市场份额越大，意味着占领的市场越大、创造的利润更多。企业降低成本，进而会降低销售价格，会进一步扩大市场份额。

当企业的产品具有优于其他企业产品的差异性时，即使以更高的价格出售，市场份额也会增加。所以，竞争优势可以进一步归纳为更低的生产成本或者更高的销售价格。由此可以将产品的竞争优势归纳为两种基本类型：成本优势和差异化优势。我们要寻找的投资对象正是那些具有成本优势和差异化优势的企业。差异化优势更是巴菲特极为看重的因素。

那么，巴菲特在投资过程中，如何寻找具有差异化优势的企业呢？

◆ 经济特许权——寻找有护城河的企业

企业与竞争对手的差异化，体现在一个企业提供与竞争对手不同的产品或服务，以致市场上大部分顾客比较偏爱这种企业产品或服务。这种差异化是竞争优势的根本来源；因此，可以说，竞争优势的核心就是差异化。

具有差异化竞争优势的企业，它的产品虽然与竞争者生产成本相近，但能够为顾客提供更多的价值；即使生产成本高于竞争对手，但产品质量却明显高于竞争对手；即使生产成本明显高于竞争对手，但却能够为顾客创造更多价值。

巴菲特将差异化竞争优势称为"经济特许权"，他在波克夏1991年年报中指出："如果一家企业的产品或服务具有以下三个特定的特点：第一，产品或服务有广阔的市场；第二，被顾客认定为找不到其他类似的替代品；第三，不受价格上的管制。那么，这家企业就有'经济特许权'，具有对所提供的产品与服务进行主动提价的能力，从而能够赚取更高的资本报酬率的企业。"

分析巴菲特所投资的企业，如可口可乐、《华盛顿邮报》等，在其所在的竞争细分市场上，都是绝对的市场领导者，并且非常注意与竞争对手形成良好的竞争关系，以保持稳定的市场结构。

巴菲特曾经将企业的特许权价值描述为一条环绕企业城堡的护城河。这些特权给企业加装了一道安全防护网，使其在多变的商界里多了一些保障。巴菲特曾经以吉列作为例子来说明自己的这一观点："世界上每年要使用2000万到3000万片刮胡刀刀片，其中有30%是吉列生产的。在有些国家和地区，如墨西哥和斯堪的纳维亚，它们都占有90%的市场。刮胡刀是男人们日常生活中不可缺少的用具，而吉列一直是一家致力于开发更好的刮胡刀的公司，而且它有极高的市场占有率，在消费者心中具有不可取代的地位。正如我们所知道的，刮胡刀是男人们每天都要用到的东西，你只需每年花上20美元，就可以得到极为舒适的刮胡体验，而大多数男人有过这样的体验后，便倾向于不再更换别的品牌了。"

由于吉列所提供的产品是男人的生活必需品，而且这种需要不会随着时间、环境的变化而变化。正如巴菲特所说的那样："当你躺在床上，仅仅想到在你睡觉时，全世界大约有25亿男人的毛发仍在生长这一点，你就会有非常舒服的感觉。因此，在吉列工作的人大概不会有睡眠问题。"

从踏入投资业起，巴菲特便对这种具有特许权的公司有着极为浓厚的兴趣。在他看来，在普通企业遭遇危机的时刻，那些特许企业虽然也可能受到影响，但它们的特许地位却是不可动摇的，尽管在这样困难的时刻，股价一般都会下跌；然而这对巴菲特来说，正是买入的大好时机。在美国运通公司1963年遭遇色拉油丑闻时，股价也曾一度大跌；但巴菲特看到，这丑闻不会危及运通在旅行支票或是信用卡上的特许地位，所以他没有理会企业的资产负债表，而是看到运通由于特许权而建立起来的稳固地位，进而大胆买入其股票，成为巴菲特投资生涯中最为成功的交易之一。

如果你理解了所谓"特许型"企业，你便不难从成千上万只股票中将它们找出来，如果你恰好以一个合适的价格买入，并打算长期持有的话，你的投资风险几乎是零。

占领战略上的核心竞争优势，我们只要简单地分析一下世界500强企业，就会发现几乎无一不是在技术诀窍、创新能力、管理模式、市场网络、品牌形象、顾客服务等方面具有核心竞争力；而核心竞争力正是这些公司在战略上的核心竞争优势，这种战略上的核心竞争优势使其在所属产业内取得显著成功，成为股票市场上的超级明星企业。

◆ 你的投资对象具备核心竞争力吗

分析企业的核心竞争力，可以帮助我们在纷繁复杂的证券市场上，更清晰、更快速地发现和认识我们的投资对象，为你的投资决策增添一件实用的工具。

那么，什么是企业的核心竞争力呢？著名的麦肯锡管理咨询公司认为，核心竞争力是指不管一个企业在结构上有没有竞争优势，只要它在少数技能或者知识领域出类拔萃，就可以实现成功。

从这个定义，我们可以把企业的核心竞争力分为三种基本类型：

基本类型一：市场渠道能力。指推动企业更加接近消费者或市场的能力，主要包括品牌拓展管理、市场营销、分销通道、后勤和技术支援等方面的能力。

基本类型二：整合能力。指使企业更快、更加灵活地或更加优质地生产产品或提供服务的能力，主要包括质量、产品周期和即时生产与库存管理等方面的能力。

基本类型三：功能性能力。指企业通过提供具有差异性功能的产品或服务，为消费者创造的差异性价值的能力。

企业的核心竞争力可以在以下五个方面表现出它的基本特征：

1. 价值特征

企业的核心竞争力能够为企业和客户带来价值。

由于核心竞争力是一家企业持续竞争优势的泉源，因此，核心竞争力的价值特性，表现在三方面：

(1)创造消费者价值的能力

核心竞争力通过创造符合市场需求的产品来实现顾客所特别注重的价值，比竞争对手为顾客提供更多的价值。

(2)创造企业价值的能力

核心竞争力在企业创造价值差异和成本差异方面具有核心地位，能显著提高企业的盈利能力。可以使企业以比竞争对手更低的成本满足顾客的需求，同时核心竞争力能够为公司创造更多的价值。

(3)利用机会或抵抗危机的能力

核心竞争力的价值使企业能够在相同的环境中，比竞争对手更好地利用机会或抵抗危机，是一种综合、动态的竞争力。

2.关键性

核心竞争力是企业最关键的价值驱动因素，对最终产品或服务的价值具有最重要的贡献。核心竞争力具有支援多种最终产品或服务的潜能，它既是联系企业现有各种业务的"底盘"，也是开展新业务的"发动机"，使企业拥有进入其他市场的潜力。

事实上，选择侧重于一两项具体竞争力，并不能消除规模或范围的劣势，也不能弥补其他领域的不足。

要想通过核心竞争力导向型的战略取胜，该核心竞争力必须比该行业相关的所有战略因素都更为重要，比如结构性优势或者获取廉价资源的能力就属于这种强大的核心竞争力。

3.独特而稀有性

企业的核心竞争力是一种独一无二、非比寻常的竞争力，这种竞争力体现在与其他所有竞争对手相比时更加卓越。核心竞争力相对于对手的竞争力不仅是超出，而且是远远超出。核心竞争力的差异决定了企业经营效率之间的差异。这种独特性同时也表明核心竞争力是稀有的、很难形成的，而且形成后，其他对手难以模仿。核心竞争力的独特性也表明其不能被其他一般性能力所等效替代，从而能支援企业实施与众不同的战略并取得竞争优势。但如果存在其他既不稀有又可以仿制的替代性能力，使其他现有和潜在的竞争对手用以实施相似的战略，那么企业的竞争优势将很快被削弱甚至消失。

4.不可模仿性

企业的核心竞争力不可模仿。竞争对手在仿制企业的核心竞争力时会面临成本劣势或资源劣势，这使具备核心竞争力的企业具有了持续的竞争优势。核心竞争力之所以难以模仿，主要原因是存在模仿障碍，使其他竞争企业望而却步，从而使企业保持持续的竞争优势。

5.隐蔽性

核心竞争力也会表现在企业的独特技术、操作技能、诀窍，以及组织管理和企业档案等方面，其内容难以用语言、文字、符号来直接描述，因而可能会是一种隐性知识。这种隐性知识对于外界甚至企业自身都是模糊的，常常隐藏于企业的管理体制、企业文化和企业技术流程中，并且分散在不同的部门或个人手中。

◆ 它是真正的"明星企业"吗

巴菲特在投资中，对那些具有真正核心竞争力的超级明星企业钟爱有加，因为这些企业能真正为企业和客户带来价值。身为投资者要认清企业的本质，就必须去认真分析你的投资对象，检验它是否为企业和客户带来真正的价值，从而认清它是否具备核心竞争力。

1.该企业的核心竞争力能够为企业和客户创造价值

我们可以通过考虑企业产品或服务的差异性，来分析该企业的核心竞争力是否对企业超出平均水准的价值增值具有重要的贡献。这方面资料可以从该企业历年来的价值增值中获得。

2.该企业的核心竞争力能够为客户创造特别的价值

从消费者的角度,分析企业是否带给客户所看重的价值,或者带给客户最大的价值增值,就必须弄清楚以下问题:消费者愿意付钱换取的究竟是什么?消费者为什么愿意为某些产品或服务付更多的钱?哪些价值因素对消费者最为重要,并对实际售价最有贡献?经过如此分析,可以初步识别出那些能够真正打动消费者的核心竞争力。

3.该企业的核心竞争力能够为企业创造特别的价值

通过分析企业的长期经营记录,我们能否确定:该企业能否更好地利用机会或抵抗风险?是否有显著的盈利能力?核心竞争力在企业价值创造中,具有最关键的作用吗?

投资点拨

股市的基本功能是利用市场化手段为企业优化配置资源,因此,优秀的公司理由并受到更多的关注。

● **企业的核心竞争力通过以下五方面来体现**

第一	价值特征
第二	关键性
第三	独特而稀有性
第四	不可模仿性
第五	隐蔽性

巴菲特金玉良言:
好的企业比好的价格更重要。

寻找值得你信赖的公司

巴菲特的价值投资要求投资者以经营者或企业主的心态选择投资对象，那么对经营者或管理层的严格考察和评估，就显得尤为重要；因为，很多企业都披有华丽的外衣，普通投资者通常会被这些华丽的外衣所蒙蔽。身为价值投资者应该认真考察企业管理层，通过企业外表美丽的光环，去认识企业实质，发现值得信赖的公司。

◆ **把资金投向你信赖的公司**

在巴菲特看来，对管理层的考察具有举足轻重的作用。他建议投资者要认真考察管理层的所作所为，并从中发掘出对自己有用的资讯。因为企业管理层是统筹全局的组织或个人，如果管理层不能从全局着眼来制定和实施政策，便不是理性和诚实的，那么这家公司的前途就充满了变数。投资这样的公司，你的资金就好比放在大街上，随时都有失去的可能。

考察管理层还具有另外一个特别的作用，那就是能具备某种"预警"作用。如果企业存在某种问题，这些问题往往会在财务报告中表现出来，或是在金融市场上暴露之前，在管理工作中就已经暴露出来了。

身为投资人，尤其是价值投资者，考察管理层是你必须做的工作。如果你能做到对企业及其管理者进行数年的跟踪考察，那么你得到的印象往往与事实较为接近，从而降低投资的风险。

巴菲特在投资前，对管理层的考察近乎到了苛刻的程度，这是大多数投资者很难做到的细功夫。即便是华尔街那些掌控数亿美元的股票经纪人，也不会像巴菲特那样对管理层进行深入细致的调查，更不用说一般的投资者了，这或许就是这个世界上只有一个巴菲特的原因。根据巴菲特的经验，衡量一项投资是否成功，必须考量两点：一是管理层是否能够得到肯定的评估；二是管理层是否能够被充分信赖，是否能真正为投资者的利益着想，并与股东保持畅通的沟通管道，使收益能够从企业转入投资者手中，而不是被其据为己有。

◆ 经营者是否理性思考

巴菲特认为优秀的经营者是那些行事理智、善于理性思考和对股东诚实的人。如果你投资的公司，其管理者符合这三个条件，你大可放心将资金投向该企业。

最能判断经营者是否理性思考，有一点很重要，就是看他对待盈余的分配方式。

如果一家企业的资本产生了高额的回报，而这些收益却不能以高比率进行再投资时，管理者在对待这些收益时所采取的方法，将会直接反映出他们是否真正为股东着想。巴菲特认为，这就是考验经营者的想法是否理智的时候了。一般说来，管理者此时较可能采取的措施有下述几种：继续扩大规模，进行低于平均收益率的再投资；投资其他事业以获得企业成长的机会；将手头上持有的现金回馈给股东，让他们有机会选择那些能够产生更大回报的投资。

选择再投资的经营者如果无法正确评估公司所处的状况，往往会造成浪费；所以就这一点而言，采取这种方式并不能算是理智的。

对于选择投资其他事业的经营者，巴菲特同样抱持怀疑的态度；如果将盈余投资在自己不擅长的事业，往往成功的概率不大，因为有可能会超出企业自身的能力范围，这样做会损及股东权益。

巴菲特认为，选择将现金还给股东的经营者，才是最理智的行为；因为，当公司已经无法再创造令股东满意的利润时，把现金还给股东，才是就股东利益最大化考量之下所做的合理行为。

◆ 经营者是否诚实可靠

前面我们讲过，应把购买股票视为持有企业的一部分。我们有必要事先了解管理该企业的经营者是个什么样的人。如果这个经营者值得信赖，我们就能安心地把钱交给他运用，并为我们带来期望的升值。

但是，并非所有公司都会诚实对待股东。有的公司表面上看起来光鲜亮丽，而实际上内部充满了黑暗，这类公司不在少数。2001~2002年，美国出现了一连串的公司丑闻：

2001年，安然公司管理层非法从事金融交易的丑闻曝光，安然公司的股票一天之内暴跌75%，创下美国证券市场单日下跌幅度的历史之最。2001年12月2日，安然申请破产保护。

2002年6月25日，美国第二大长途电话和资料服务公司——世通公司宣布：公司虚报了高达38亿美元的利润。世通公司的造假丑闻成为美国历史上最大的会计欺诈事件之一。一个月后，世通申请破产保护，总资产金额高达1070亿美元，是美国有史以来最大的破产案。

当爆出会计丑闻的安然和世通被认为只是美国企业中少数几个烂苹果的时候，美国一连串的公司丑闻在2002年接连暴露。企业假账的震荡还未消失，更大的震惊接踵而来：进行财务审计的安达信、毕马威等老牌会计事务所居然是造假的帮手；华尔街的顶级投资银行，无论是著名的美林公司还是花旗银行旗下的所罗门美邦，也滥用投资者的信任，牟取自身的私利。

这些公司丑闻令人震惊，巴菲特极其厌恶这类会计丑闻事件，他曾说过为了防堵这类行为，除了重新审视会计制度，更应该追究经营者贪婪与谎言的刑事责任。

以上案例怵目惊心，这些经营者的心态无异于是背叛股东。可以想见，曾经投资过这些公司的股民遭受了多么大的损失；因此，巴菲特始终认为经营者的诚实甚于一切。

由此可见，考察企业管理层，寻找值得你信赖的公司，对于投资者而言，是多么的重要。

投资点拨

信任是一切合作的基础与前提，只有将投资者的利益放在首位的公司才是值得信赖的。

2001年美国安然事件欺诈案

影响 → 股票一天之内暴跌75%

非法从事金融交易丑闻曝光

2002年美国世通公司欺诈案

世通公司虚报利润美国一连串的公司丑闻在2002年接连暴露

安达信、毕马威等老牌会计事务所是造假的帮手

巴菲特金玉良言：

我的父母告诉过我，如果对一个人说不出什么美好的话，那就什么也别说。

第三章
巴菲特的集中投资策略

凡是对巴菲特有所了解的人都知道,巴菲特旗下的波克夏·哈萨威公司拥有数额甚大的金融资产,但其持有的上市公司数却十分有限,其在每家公司投资的金额都十分庞大。巴菲特极为推崇这种相对分散、绝对集中的投资策略。集中投资是一种极为简单的策略,是一种有别于组合式投资的投资方式;然而如果运用得当,却可以远远战胜指数基金,为投资者带来数不尽的财富。

把鸡蛋置于同一个篮子，并用心看好

"股市有风险，入市须谨慎！"任何一个初涉股市的投资者都会被券商机构进行这样的风险教育，然而股市令人羡慕的回报又使得众多的投资者如滚滚洪流般一脚踏进股市。

众多的投资者，无论是机构投资者还是广大的中小型投资者都意识到了股票投资的巨大风险性，因而他们在追求投资收益的同时，都极力分散投资风险。

分散投资在不少人看来是个不错的办法，也受到投资者的青睐，他们认为应该把鸡蛋放在不同的篮子里，这样才安全，就连巴菲特的恩师格雷厄姆也是这种观点；然而，巴菲特对此却有自己独到的见解：一个人的精力是有限的，与其照顾许多篮子里的鸡蛋，不如把它们全放进一个大篮子里，然后小心地看护好。

就股票而言，购买自己不熟悉的股票以分散风险的想法是十分愚蠢的，与其将自己的资金投资在一些自己根本不了解的股票上，倒不如将它们全部投在自己熟悉和了解的股票上，这样就可以集中精力和时间看管好自己的资金。

在投资界流传着著名的"二八定律"，即80%的收益都源于20%的投资。巴菲特也是如此认为，因此，他的绝大多数资产都是从为数不多的几只股票上获得的，他更极力反对分散投资，他认为："分散投资是无知者的自我保护法，对于那些明白自己在做什么的人来说，分散投资毫无意义。"

通常热衷于多样化投资的人缺乏足够的才能，因而采用扩大投资圈的方式，把资金分散在许多不同的投资项目上。

格雷厄姆的投资策略要求投资组合里必须由百种以上的股票构成，巴菲特也曾经一度采取老师的这种观点；但他后来发现，自己的投资组合完全就像是一个杂货铺，根本谈不上多样化组合，更谈不上对手中的股票进行行之有效的管理。

因此，巴菲特后来采纳费雪和芒格集中投资的理论，他还通过各种管道深入了解自己投资的这些企业。

费雪认为，投资者为了避免自己的鸡蛋被全部打破的风险，通常会把鸡蛋分在很多不同的篮子里，但最后的结果却常常是许多篮子里装的全是破碎的鸡蛋，而且投资者也不可能照顾所有篮子的全部鸡蛋。他认为，由于许多投资者太迷信多样化投资理论，结果他们对自己所投资的企业一无所知，或者知之甚少。

巴菲特十分信奉集中资产组合的理论，他的巨额资金只投资于少数几只自己十分了解的股票上，而且持有股票的时间也很长，这样他就可以非常认真地来考虑是否需要进行某种投资。

巴菲特深信，他正是用一种认真负责的精神，来考虑投资什么和以什么价格投资这两个重要的问题，从而降低投资风险；也就是说，这个投资策略使得他有时间与精力筛选那些价钱合适的优秀企业来投资，从而减少遭受损失的危险。

正是这种集中投资的策略，才使得巴菲特能够仅仅通过股票投资，便可以多次荣登世界财富榜首。

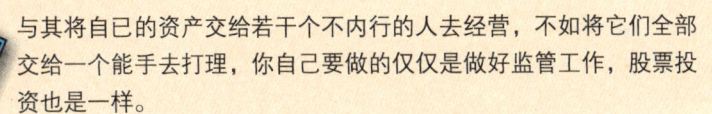

投资点拨

与其将自己的资产交给若干个不内行的人去经营，不如将它们全部交给一个能手去打理，你自己要做的仅仅是做好监管工作，股票投资也是一样。

跟巴菲特学投资

把所有鸡蛋放在一个篮子里好好保管，胜过分别放在不同的篮子里。

放在一个篮子里好好保管，不用分心

放在不同的篮子里，手忙脚乱

巴菲特金玉良言：
要量力而为。你要发现自己生活与投资的优势所在，每当偶然的机会降临，如能充分把握自身优势，你就可以全力以赴、孤注一掷。

舍弃多元化投资

巴菲特奉行"少而精"的投资原则，主张只投资于自己真正熟悉的几家公司，而不主张多元化投资组合。他认为投资多元化是投资者对投资对象不甚了解，而不得已的一种应付性保护措施，而巴菲特的这种投资观念源于费雪。

费雪是著名的投资大师，他曾说自己宁愿投资于几家非常了解的杰出公司，也不愿投资于众多他不了解的公司；因为分散投资虽然分散了风险，但同时也分摊了利益。如果手中股票品项过多，便根本没有精力和时间去充分认识和研究这些上市公司。投资的真正风险在于对比较熟悉的公司投资太少，而对陌生公司的投资太多。依照费雪的理论，贸然买进一家不了解的公司，可能要比有限的投资组合承受更大的风险。

费雪善于挖掘成长股，被誉为"成长股之父"。他在《普通股与不普通的利润》一书中写道："许多投资者，当然还有那些为他们提供咨询的人从未意识到，购买自己不了解的公司之股票可能比没有充分多元化还要危险得多。"多年以后，即便已是垂垂老者，这位华尔街的投资大师还是不忘向那些投资界的年轻人强调："最优秀的股票是极为难寻的，如果容易，岂不是每个人都可以成为股神了？我想购买最好的股票，不然我宁愿不买。"在一般情况下，费雪将他的股票品项限制在10家公司以内，其中有75%的投资集中在3~4家公司。这句话其实告诉投资者在有限的知识与经验下，与其大面积地乱选股，倒不如选择少数几只十分了解并且对它们充满信心的股票。

宏观经济学家凯恩斯的理论对巴菲特也是影响深远，他也赞赏"少而精"的选股策略。凯恩斯在1934年给朋友的信中指出："随着时间的流逝，我越来越相信正确的投资方法是将大笔的钱投入到一个自己认为有所了解以及完全信任的企业中。将资金分散在大量一无所知或毫无信心的企业就可以限制风险的观念是完全错误的……一个人的知识与经验绝对是有限的；因此，我很少能够同时在市场上发现超过3家让我深具信心的企业。"

跟巴菲特学投资

不论是凯恩斯还是费雪，他们都舍弃多元化投资这种做法，而巴菲特从他们两个人身上汲取经验并灵活运用，巴菲特曾做了这样一个比喻："多元化投资就像挪亚方舟一般，每种动物带2只上船，结果最后变成了一个动物园。投资风险虽然降低了，但收益率也同时降低，这不是最佳的投资策略。"

投资点拨

一个企业如果过分多元化，便会造成主业不发达，进而影响企业的发展，甚至会拖垮企业，股票投资又何尝不是呢？如果一味追求多元化与平均利润，还不如购买指数型基金。

1.费雪将自己75%的投资集中在3~4家公司上。

2.凯恩斯很少同时在市场上发现超过3家令自己满意的公司。

巴菲特金玉良言：
投资者应该把所有鸡蛋放在同一个篮子里，然后小心地看好它。

优化投资组合

巴菲特手中掌管数千亿的资金，但他的持股数量仅仅45只股票，而更让人吃惊的是，在这些组合当中，投资总额的90%却集中于不到10只股票上。对此，业内人士显得一点也不吃惊："这符合巴菲特的投资理念，为何不把钱投资到你最看好的对象上呢？"

巴菲特对投资者提出过以下的忠告："投资人一定要好好地把握住自己手中的股票，更应该要坚持长期持有的原则，而不应该抱着朝三暮四的心态，今天看好这只股票，明天又看上了另一只感觉更绩优的股票，每天不停地买进卖出，这种做法是非常不理智的行为。不过，券商倒是比较喜欢这种'优质'客户！"

巴菲特认为，只要投资者确信找到自己最了解、风险最小、最优秀的公司，尽可以做出大胆的决策。

如果你是一位学有专长的投资者，能够了解企业的经济状况，并能够发现5～10家具有长期竞争优势且股票价格合理的公司，传统的分散投资对你来说就毫无意义，那样做反而会损害你的投资成果并增加投资风险。

而扩大投资收益、减少投资风险的最好方法就是优化投资组合。为了优化投资组合，波克夏公司第一个大量收购的是《华盛顿邮报》公司的股票。1973年，巴菲特在该公司投资了高达1000万美元；到了1977年时，投资金额更增加到3000万美元；在这之后，巴菲特又认为广告、新闻和出版事业有着广阔的发展空间，所以又于1986年时，大规模投资大都会——美国广播公司的股票。

1987年，波克夏公司的持股市值超过20亿美元，更令人惊奇的是，这20亿美元的天文数字股票仅出自于3家公司，即价值10亿美元的大都会——美国广播公司、7.5亿美元的GEICO、3.23亿美元的华盛顿邮报公司。这实在是天下奇闻！世上再没有第二个人像巴菲特这样，把20亿美元的投资全部集中在3家股票上。

1988年，巴菲特又打了一场漂亮仗。他先是出色地购入了1400万美元的可口可乐股票；到了年底，他在可口可乐公司的投资增加到5.92亿美元；次年，投资继续加大到超过10亿美元。

上述的果敢行动替巴菲特带来了高额利润。到1989年底，波克夏公司在可口可乐公司的账面收益高达7.8亿美元。在波克夏公司的普通股投资组合中，日常消费品占了50%以上。

巴菲特之所以能够成功地管理波克夏公司的投资组合，主要是他能以不变应万变。当大多数投资人都难抵诱惑，并不断在股市中抢进抢出时，巴菲特却很理智地静观，以静制动。

巴菲特常说，买进一家顶尖企业的股票然后持有，要比一天到晚在那些不怎么样的股票里忙得晕头转向容易得多。巴菲特只对那些优良的股票感兴趣，而对那些业绩不佳、只依靠股市涨跌来运作的公司则嗤之以鼻。

有许多投资人若一天不买卖股票就感到浑身难受，而巴菲特却可以一年都不去动手中的股票。

事实证明，巴菲特的成功主要是建立在几次成功的大宗投资上；因此他告诫人们：为了避免风险而获得更多的收益，优化投资组合并耐心持股是十分必要的。

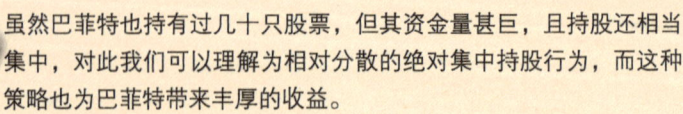

投资点拨

虽然巴菲特也持有过几十只股票，但其资金量甚巨，且持股还相当集中，对此我们可以理解为相对分散的绝对集中持股行为，而这种策略也为巴菲特带来丰厚的收益。

1987年波克夏的持股情况

20多亿的投资中，10亿美元的大都会——美国广播公司、7.5亿美元的GEICO、3.23亿美元的《华盛顿邮报》公司。

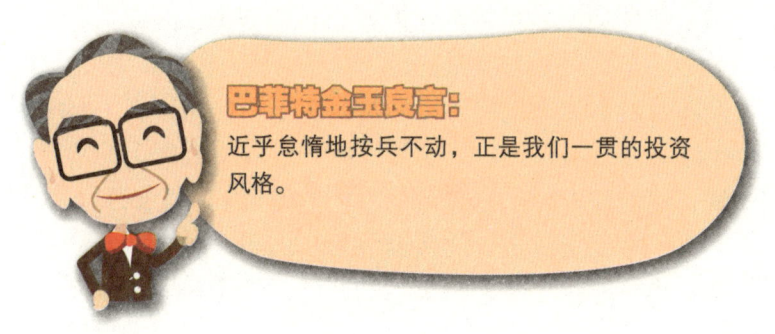

巴菲特金玉良言：
近乎怠惰地按兵不动，正是我们一贯的投资风格。

不要试图分散风险

在20世纪80年代,一种名为"投资组合保险"的投资策略在投资者当中广为流传。这个投资策略是将投资组合的专案,永远在高风险资产和低风险资产之间保持平衡,以确保收益不会低于某一个预定的最低标准。当投资者所持有的投资组合价值减少的时候,就是因为把资金从高风险的资产(股票)转移到低风险的资产(债券或现金);相反地,在所持有的投资组合价值上涨的时候,则是因为将资金从风险较低的资产转移到较高风险的资产,因为要在个别有价证券间转移数以百万计的大量资金并不容易,所以投资者转而以股票指数期货作为保障他们投资有价证券的方法。

巴菲特对这种"分散"风险的做法非常反感。他认为,当投资者不知道自己在做些什么时,那才叫风险。对于一个理性的投资人而言,选择优秀的公司、舍弃那些不良的公司,几乎是一件顺理成章的事情。

有不少机构及个人投资在分散风险时,将目光投向期货之类的高风险金融衍生产品,这着实让巴菲特担心,由于购买期货所需的保证金不高,常会引来一些赌徒般的投资者,希望能在短期内获取暴利。这种抢短线的心理,正是低价股票、赌场赌博以及彩券促销者一直能够生存的原因。这次全球范围的金融海啸发生就是源于美国过度发达的金融衍生物。为了避免大家被"投资组合保险"的谬论所误导,巴菲特要求投资者试着去了解这样一个思考模式:一个农场主人在买进农场之后,因为发现附近农田的价格下跌,于是又卖掉土地;这就如同一个投资者仅仅因为最近的一个成交下跌而出售他的股票,或因上一个成交价上扬而买进股票。试想,即使购入整个股市里的所有公司股票,也不能够逃出"股灾"的冲击,难道买下几百种股票,就能做得到吗?

现实中,很多投资者为了规避风险,都采取购买多种股票的做法,以为

第三章 巴菲特的集中投资策略

这样才"保险"。在巴菲特看来,这种做法是极不明智的;他以他的成功经验告诫我们不要试图分散风险。

投资点拨

股票指数期货是一些机构投资者用于分散投资风险的常用工具,但并不适合中小型投资者,因为其杠杆作用在追求高收益的同时,也大大地增加了风险。

期货之分类

期货分为:

商品期货:大豆、豆油、黄金、铜、铝、锌等。

金融期货:股指期货、外汇期货、利率期货。

衍生期货:期货期权、天气期货、灾害期货等。

商品期货:大豆、豆油、黄金、铜、铝、锌……等

金融期货:股指期货、外汇期货、利率期货

衍生期货:期货期权、天气期货、灾害期货……等

巴菲特金玉良言:

要赢得好的声誉需要20年,而要毁掉它,5分钟就够了!如果明白这一点,你做起事来就会不同了。

91

集中投资几家优秀的公司

巴菲特与其他投资者唯一的不同之处在于他能从成千上万家公司中找到几个优秀并获得高于一般企业水准的投资回报率之企业。

投资领域处处充满了变化莫测与刺激、挑战。如何从那些令人眼花撩乱的数字与资讯中找到真正能为自己带来收益的股票，是所有投资者最为关心的问题。虽然巴菲特一再声称自己的投资方式毫无秘密可言，但人们却总是将他的说法当成是自谦之词。事实上，巴菲特的投资策略的确没有什么秘密可言。

巴菲特认为，每只股票的背后，都有其所代表的企业、管理者、产品与市场，所以投资者绝不能在毫不了解股票所代表的企业之情况下就匆忙做出决定，这样做极其危险。

在购买任何股票前，投资者都应当对它所代表的企业进行深入的了解，如这家企业的运作模式是否简单易懂？是否具有持之以恒的运作历史？是否拥有良好的长期前景？这些问题都是我们应当认真考虑的；这是因为上市的企业多如牛毛，但真正出色的企业绝对只是少数。

巴菲特说："投资者应该对企业的过去、现状及未来的发展具有全面的了解，只有这样，才能尽可能减少犯错的可能。如果你准备买入IBM的股票，你至少应该知道这家企业刚开始是生产电脑打孔卡片的，然后是磁带（卡式录音带），接下来才进入了电脑领域。虽然它在大型电脑方面一直处于领先地位，但在个人电脑方面，却一度被对手超越……唯有了解企业的历史，才有助于你对企业的未来发展做出更为客观的评价。"

"对于专业财务人员做出的报告，普通投资者往往心存畏惧，面对各种庞杂的资讯，他们不知该从何下手。不管这些报告写得多么复杂，你需要特别注意的一点就是企业的利润必须是现金利润,这一点是很容易做到的。"

另外,巴菲特还认为,企业的经营者必须是精明的团队,唯有如此才能达到管理的目的;而且,企业需要通过制度来保证其安全有效运转。事实上,如果一个企业由天才来经营是非常危险的。任何一个经营者都应该且必须想到自己下台几年后企业的发展,而那些仅凭意气行事的天才不太可能会这样做。

与此类似的是,企业所有者的意图是靠企业管理者的经营活动来贯彻的。如果企业经营者违背了股东的意愿,人们很快就会觉察出来。如果这种情况发生,那么对于投资者来说,最好的选择就是远离它。巴菲特认为,作为一个经营者,应当把股东看作是合作者,而不是对手。

巴菲特不喜欢那些看起来只赚不赔的大企业,以及表面上似乎很有发展前景的企业,虽然人们普遍认为那些大企业具有巨大的收益增长能力,但是,巴菲特提到:"只有在对企业的盈利能力非常了解的情况下,我才会行动。"

巴菲特很清楚这样一个事实:企业只要存货少,资产周转率就高。企业必须拥有少量强制性的资本投资,虽然有不少高成长的企业在其发展过程中需要投入大量资本,但是这对广大的股东来说并非好事,因为高回报是由资产的高速周转而得来的。

为什么这样说呢?因为在巴菲特看来,公司的主要资产和资源如何运用,是所有股东都必须考虑的问题。如果股东们不能有效地解决这一问题,至少他们也应该找机会表达一下自己的喜好,而由经营者来对这个问题做出决定,显然是不可信的。

巴菲特眼中最好的企业,其成长性一定是鹤立鸡群的,而且只需少量的资本投入,这种企业往往有更大的发展空间。对投资者来说,所寻找的不光是一只能赚钱的股票,同时也是一家真正能让你放心、具有潜质的企业。只要抓住这些基本要件,你就可以像巴菲特那样·"将手插在口袋里,过着一种非常简单的生活"。

投资点拨

如果你对投资略知一二,并能去了解企业的经营状况,那么选5~10家价格合理且具长期竞争优势的公司,这类传统意义上的多元化投资对你就毫无意义。

巴菲特教你了解企业:

对企业的过去、现状及未来的发展具有全面的了解;

关注财报:财报中的利润必须是现金利润。

留意企业的经营者:必须是精明的。

关注存货及资金:存货少、资产周转率高。

巴菲特金玉良言:

在对某个股票做出评估前,一定得先了解这家企业。

抓到好牌下大赌注

由于集中投资的股票品项很少，所以在应用中最关键的环节是对成功概率的估计及集中投资比例决策。一旦判断失误，很容易造成巨大的亏损。巴菲特充分体认这一点，因此他投资的前提是寻找概率估计的确定性。

"我把确定性看得非常重——只要找到确定性，其他因素对我来说就无关大局了，以其价值的一部分价格来买入证券并非冒风险。"

巴菲特认为巨大的投资机会来自优秀的公司被不寻常的环境所困，因为这时会导致这些公司的股票被错误地低估；简单地说，你在这时下注盈利的概率会很大，而且别人不敢和你在相同的方向下注，这时你下大赌注才可以赢大钱。查理·芒格把集中投资比喻为"当成功概率最高时下大赌注"，他说："人类并没有被赋予随时随地感知一切、了解一切的天赋；但是人类如果努力去了解、努力去感知，通过筛选众多的机会就一定能找到一个不错的机遇，而且聪明的人会在世界提供给他这一机遇时下大赌注。当成功概率很高时，他们会下大赌注，而其余的时间则按兵不动，事情就这么简单。"

巴菲特说："对于每一笔投资，你都应当有勇气和信心将你净资产的10%以上投入进去。"他所说的理想投资组合应不超过10种股，因为每种个股的投资都在10%，但是集中投资并不是把自己的资本平摊在10家好股上面这么简单。尽管在集中投资中，所有的股都是高概率事件股，但总有些股获利的机会不可避免地高于其他股，这就需要"当牌局形势对我们绝对有利时，下大赌注"，芒格解释这句话为："从玩扑克牌中，你就知道当握有一付对你非常有利的牌时，你必须下大赌注。"

巴菲特在1963年购买美国运通股时，他已经运用了这一法则。在20世纪50年代到60年代，巴菲特作为合伙人服务于一家位于奥马哈的合伙公司。1963年时，机会来了，由于提诺·德·安吉利牌色拉油丑闻，美国运通的股价从65美元直落到35美元，当时人们认为运通公司对上百万的伪造仓储发票负有责任。巴菲特将合伙公司资产的40%，共计1300万美元，投在这个优秀股票上，占当时运通股的5%；在其后的两年里，运通股票翻长了两倍，巴菲特所在的合伙公司赚取了2000多万美元的利润。

所谓艺高人胆大，巴菲特敢于下大赌注，绝对不是头脑昏昏莽撞行事。巴菲特曾经说："慎重总是有好处的，因为没有谁能一下子就看清楚股市的真正走向。5分钟前还大幅上扬的股票，5分钟后也有可能会立即狂跌，你根本无法准确地判断出这个变化的转捩点。所以，在进行任何大规模投资之前，必须先试探一下，心里有底后再逐渐加大投资。"从这句话中，我们可以看出他是一个头脑清醒、理性的投资家，他是对行情走势心中有数后，才下大赌注的。

投资点拨

在做股票投资时，大好机会并不是经常出现的；因此，投资者应当抓住机会重拳出击，才能取得决定性胜利。

抓到好牌下大赌注

巴菲特金玉良言：
不在意一家公司来年可赚多少，仅注意未来5~10年能赚多少。

控制股票持有数

巴菲特的成功很大程度源于其实行"少而精"的集中策略；那么，他在实践中是怎样运用这一策略的呢？那就是：选择少数几种能够在长期市场波动中产生高于平均收益的股票，将手里的大部分资本投向它们。一旦选定，则不论股市的短期价格如何波动，都坚持持股、稳中取胜。到底买多少种股票才算是集中持股呢？通过对巴菲特的研究，其答案是买5～10只，甚至更少的股票，并且将注意力集中在它们上面。

巴菲特认为，手中所持股票的数量绝不要超过15只，这是一个上限，超过这个数，就不能算是集中投资了。对于普通的投资者来说，集中投资于少数几只股票意义更大！资金少的投资者，最好不要搞分散投资；否则，会因投资分散，收益被亏损明显消耗；更重要的是，股票数量过多，投资者无法精心照顾。人的精力是有限的，用同样的时间和精力研究3家公司和研究20家公司，其深度和获得有价值的东西肯定是不同的。如果投资者持有太多股票，势必对上市公司一知半解，而且会把统计成本、设计组合搞得很复杂。一般的投资者购买3～4只股票就可以了。在投资时，通过对公司的分析，确实认为股票具有投资价值并能获得较大的投资收益，就可以把资金投向这一只或几只股票。

如果巴菲特采用流行的分散投资策略，持有包括50种股票在内的多元化股票组合，假设波克夏持有的每一种股票均占2%权重，那么分散投资的加权收益率仅有20.1%，略微超过标准普尔500指数1.2%，基本上没有什么优势。

多持不同股票的投资理念只会增加投资风险，减少收益率。投资者如果能够清楚地了解公司的经济状况，投资于你最了解且价格很合理、利润潜力很大的少数几家公司，将获得更多的投资收益。不管投资环境如何变化，从市场上挖掘到5～10家具备长期竞争能力的企业并进行集中投资，是投资者最佳的投资选择。

跟巴菲特学投资

投资点拨

选择熟悉的优秀股票集中投资，不仅仅是为了取得超额收益，更是为了规避风险。

● 波克夏在1996年的投资组合

持股数量	公司名称	成本（百万美元）	市值（百万美元）	占投资组合百分比	年收益率（%）	加权收益率（%）	2%虽权收益率（%）
49456900	美国运通	1392.7	2794.3	11.4	39.8	4.5	0.8
200000000	可口可乐	1298.9	10525	43	43.2	18.6	0.9
24614214	迪士尼	577	1716.8	7	19.1	1.3	0.4
64246000	房地美	333.4	1772.8	7.2	34.2	2.5	0.7
48000000	吉列	600	3732	15.3	50.9	7.8	1
30156600	麦当劳	1265.3	1368.4	5.6	1.2	0.1	0
1727765	《华盛顿邮报》	10.6	579	2.4	20.6	0.5	0.4
7291418	富国银行	497.8	1966.9	8	27.6	2.2	0.6

上表中所列的8种主要股票占了1996年波克夏公司177.5亿美元持股市值的87%，投资回报率高达37.5%。2%虽权收益率在此处是正确的，它的意思是表示各组合占总投资额2%的收益率，即=年收益率×2%。

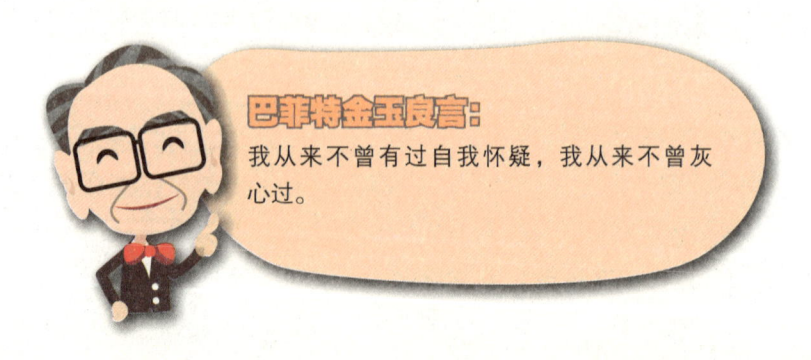

巴菲特金玉良言：
我从来不曾有过自我怀疑，我从来不曾灰心过。

回避不宜投资的企业

巴菲特认为自己的投资方略没有什么神秘的地方，但是要真正做到一个成功的集中投资者，就须下一番工夫好好学习。

对于自己的每一次动作，巴菲特都是心中有数。但是，许多投资者往往在不了解股票的情况下，听信一些所谓的内幕消息，认为可以大赚一笔的机会到了，于是把资本当作赌注压在股票上，这种盲目的冒险往往带来不良的后果——钱没赚到，却折了本；所以，在学习巴菲特"下大赌注"的投资策略时，我们先来听听他的看法："每一个投资者都应当具备如何经营企业的知识，同时也要懂得企业的财务会计报表；另外，还需要某种对投资这个游戏的痴迷以及适当的品格特征。这些东西比起智商更为重要，因为他们会增进你独立思考的能力，使你能清醒地面对在投资市场上常见的那种会传染的歇斯底里。"

大多数投资者喜欢探听各种小道消息和内幕，但却没有耐心去读一下那些通过正规通道发布的企业的年度报告。巴菲特的经验告诉人们，不要花大把的时间与别人谈论市场走势，而要多花点时间阅读你持股公司发布的最新资料。巴菲特给那些对集中投资有兴趣的投资者之忠告：认真仔细地研究所拥有股票的企业，因为拥有一家企业的股票，就意味着你得比较精通这家企业和它所在的行业。将股票看成是企业所有权的一部分，而且要一直坚持这一观点，否则你千万不要进入股市。

切记永远不要举债来进行集中投资，因为债务所带来的压力会使你缺乏市场考验，只能不断地被动承受。一旦债权人突然要求提前还款，将给你带来巨大的损失。另外，不要试图在短期操作中运用集中投资，你至少应当在一只股票上花5年或者是更长的时间。在实行集中投资战略时，要注重投资的安全性，所以在投资时，必须注意回避一些不宜投资的企业。

投资点拨

投资的前提是利用闲散资金,投资者如果指望一下子从股市中赚取暴利,靠举债来投资的办法是十分不可取的,这样会让投资者遭受巨大损失。

● 巴菲特建议回避的几类企业

1. 无稳定现金分配的公司。稳定的现金分配说明公司能稳定经营和业绩的真实性,造假的公司只能造出账面利润而不能造出现金,所以他们只能靠送转股分配而不能通过现金分配。

2. 不诚信的公司,其中包括大股东掏空上市公司、虚假陈述、隐瞒应当披露的资讯、内幕交易、提供虚假会计资讯,等等。

3. 5年内业绩有大幅波动的公司。公司业绩大幅波动说明公司经营不稳定、风险较高。要考察公司的稳定性,5年的时间是必需的。

4. 整体行业不景气的公司。整个行业不景气,上市公司的经营和业绩就会受到影响。

5. 母公司经营不善的集团公司。如果集团公司经营不善,那么上市公司的经营能力也会受到很大的影响,而且掏空上市公司的危险性也会上升。

6. 没有主要业务,或者主业不突出,以多元化经营的公司。

7. 业绩平平或比较差的,不断被公众和媒体质疑的,并且庄股、累计涨幅巨大的公司。

8. 企业规模过小的上市公司。小规模的上市公司很难产生规模效应,经营成本高、抗风险能力弱。

巴菲特金玉良言:
金钱多少对于你我没有什么大的区别。我们不会改变什么,只不过是我们的妻子会生活得好一些。

第四章
坚持价值投资

巴菲特以价值投资而闻名于世，他在进行投资的时候，主要对一家公司的全貌进行综合的考察。他认为，只有当优秀公司的股票被市场低估的时候，才是投资的极好机会。巴菲特在投资的时候，总是寻找好股票和有潜力、具有成长性的公司，他认为这些才值得去投资。多年来，价值投资为巴菲特带来丰厚的回报，使得他稳居世界富豪前列，也被认为是世界上最伟大的的投资家之一。

内在价值是投资的基础

在求学时，巴菲特就被恩师格雷厄姆灌输了"股票具有'内在价值'"的理念，而在巴菲特之后的投资活动中，发扬并完善了恩师的这一理念。巴菲特认为内在价值是一个非常重要的概念，它为评估投资和企业的相对吸引力提供了唯一的逻辑手段。

内在价值简单定义如下：它是一家企业在其余下的生命中可以产生现金流量的贴现值。投资股票就是因为它具有内在价值，所以才值得投资。

巴菲特在40多年的股票投资活动中，十分重视考察企业的内在价值。他确信，由于市场的非理性行为，某些股票的内在价值有时会被市场低估或高估，而股票的合理价值，最终会在市场中得到体现，这样买入内在价值被市场低估的公司的股票，投资者就可以安全获利。

巴菲特一般根据企业的内在价值评估和把握公司状况，并判断其未来境况是否光明远大。当年他决定投资吉列公司时，吉列公司的各项财务指标，包括权益资本收益率和税前盈余率，都在不断提高。

吉列具有提高产品价格的能力，这保证其资本收益率高于平均水准，公司的声誉也会随着产品价格能力不断提高，而公司的高层管理者也一直在尽力减少吉列公司的长期债务、提高公司股票的内在价值。上述行为都显示吉列股票值得购买，但巴菲特还要考虑吉列公司当前股票价格是否被高估。

1990年底，吉列的股东收益为2.75亿美元。从1987年到1990年，吉列的股东收益率每年以16%的速度增长。尽管4年的时间还不能充分判断公司是否具有长期成长性，但仍可作为一种参考的依据。

1991年，巴菲特评价吉列公司和可口可乐公司时说："吉列公司和可口可乐公司是世界上最好的两家公司。我们坚信在未来的时间里，他们的收入将以更强劲的速度增长。"

1991年，美国政府发行的30年期债券到期收益率为8.65%，巴菲特为保守起见，以9%的折现率对吉列公司进行估价，发现吉列公司收入的未来成长率完全可以超过折现率。假设吉列在10年内收入以年均15%的速度增长，10年后再以较低的5%成长率增长，那么以9%的折现率来折现吉列公司20世纪90年代的股东收益，吉列公司内在价值约为160亿美元。

如果把吉列未来10年成长率下调至12%，公司内在价值则约为126亿美元；若下调至10%，则其内在价值约为100亿美元；即使将成长率下降到7%左右，其内在价值仍达85亿美元。由此可知，吉列内在价值符合投资条件。由于吉列公司良好的管理水准，巴菲特对该公司的持续发展前景有很大的信心，在他40多年的投资生涯中，始终不遗余力地考察和研究企业的内在价值；为此，他也获得了巨大的投资收益率。

巴菲特认为，评估股票内在价值的最大难题，在于它必须根据公司未来的业务发展情况来进行，而公司的未来业务发展具有动态性、不确定性，而且预测时间又长，所以很难精确判断。从这个角度看，内在价值的评估既是一门科学，也是艺术；它只能是一种估计值，不可能非常精确。但是，大致准确的价值评估所构成的区间范围，对股票投资决策仍然具备应有的作用。

投资点拨

经济学中有两个基本概念，即价格与价值，价格始终是围绕着价值上下波动的；因此，要想知道一件商品的价格是否合理，必须对其价值十分清楚。

巴菲特金玉良言：
只有在退潮的时候，你才知道谁在裸泳！

寻购价值被低估的股票

巴菲特认为，购买被市场忽视的股票往往能够获利。他特别擅长寻找价值被低估的股票，然后持有或者参与经营，接着等待股票价值上升。

巴菲特认为，人虽然不能预测股市波动，但却能够很直观地看出股票价格的高低。投资人可以从一堆低价股当中挖掘，或从大盘在高点时所忽略的股票中找出价值被低估的股票。价值被低估的企业成为"特别情况"类股的时候，也是股价到最低点，并且风险性很大的时候，企业的股价所以下挫至低价位，通常和公司营运或财务陷人危机有很大的关系；但此时，股价往往远低于该公司的资产价值，因此，虽然经营状况比较糟糕，仍不失为较好的投资目标。

1956年，制造农用设备的丹普斯特·米尔制造公司的账面价值高达每股72美元，而巴菲特买进这只股票的价格只有18美元。显而易见，巴菲特觉得投资这样的股票没有任何风险，而这种投资对象正是巴菲特一贯使用的价值投资法。

巴菲特合伙公司的一位股东在解释这项投资时说，所有针对这家农用设备制造商的收购行为，都是按照以下原则进行的：先按照其账面价值的1/4收购，再清算账面价值的实际剩余部分，用于其他投资，最后把核心业务纳入母公司。1956年后的5年时间里，巴菲特不断买进这家公司的股票，直至收购这家公司。由于这家公司是该市最大的企业，该市为巴菲特收购这家公司股权提供不少便利，而这笔投资也为刚刚组建不久的合伙公司带来相对丰厚的利润。

1962年，巴菲特收购了波克夏公司，当时波克夏公司每股价值为16美元，而买进这家公司股票的价格却为7.6美元，这同样符合他买进被低估的股票的观点，而通过这次收购，巴菲特从中获益颇多。

第四章 坚持价值投资

巴菲特经常自豪地告诉别人："我们欢迎市场下跌，因为它使我们能以令人感到恐慌的便宜价格买到更多股票。"他觉得当股价跌到"非常有吸引力"时，精心挑选出被"市场先生"看扁的股票买入，剩下的事情就只是等待价格上涨、获得收益了。

投资点拨

股票价格没有绝对的高低，只有相对于价值的高低。股票价格低于价值越多，越值得购买。

大量买入

通通卖掉

巴菲特与别人的不同之处——

在股价大幅下跌之时，别人大量抛出手中的股票，而巴菲特却在这时大量购入，然后持股待涨。

巴菲特金玉良言：
成功的投资在本质上是内在独立自主的结果。

买下一家公司而不是股票

巴菲特说:"在投资中,我们要把自己看成是公司分析师,而不是市场分析师,也不是宏观经济分析师,甚至也不是证券分析师……最终,我们的命运将取决于所拥有的公司的命运,无论我们的所有权是部分还是全部。"巴菲特认为,股票并非一个抽象的东西,投资人买入的股票,决定其价值的不是市场,也不是宏观经济,而是公司的经营情况。

"在我购买一只股票的时候,我会像购买整个公司那样去考虑,就像我沿着大街找到一家可以收购的商店一样。如果我想收购一家商店,我会了解这条大街上的每一家商店,了解它们的所有方面。我可以根据沃尔特·迪士尼在1966年上半年的股票市场价格分析公司的价值,当时的股票价格是每股53美元,这个价格还是比较高的。但是,想到可以买到整个公司,且《白雪公主》等其他动画片的票房收入就价值很高;所以,这点代价也就不足挂齿了。如此一来,我就拥有狄斯奈乐园和沃尔特·迪士尼电影公司这样的合作伙伴。"

巴菲特一直以来都很关注公司的持续竞争优势。2000年4月在波克夏公司股东大会上,巴菲特在回答一个关于竞争优势问题时指出,企业持续竞争优势的分析和判断是投资中最重要的。

巴菲特说:"长期的可持续竞争优势是任何企业经营的核心。这正是投资的关键所在。理解这一点的最佳途径是研究分析那些已经取得长期可持续竞争优势的企业。对于投资来说,关键不是确定某个产业对社会的影响力有多大,或者这个产业将会增长多少,而是要确定所选择企业的竞争优势,而且更重要的是确定这种优势的持续性。那些所提供的产品或服务具有很强竞争优势的企业能为投资者带来满意的回报。"

巴菲特曾经对一些学生描述自己分析公司竞争优势的方法:"一段时间

内，我会选择某一个行业，对其中几家公司进行深入研究。我不会听从任何关于这个行业的言论，我努力进行独立思考，然后找出答案。比如我挑选的是一家保险公司或一家纸业公司，我就会这样想象：如果我继承这家公司，而且它将是我永远持有的财产，那么我将如何管理这家公司？我应该考虑哪些因素的影响？我需要担心什么？谁是我的竞争对手？谁是我的客户？我将走出办公室与客户谈话，从这些谈话中会发现，这家企业与其他企业相比，具有哪些优势与劣势？如果进行了如此的分析，肯定会比管理层更加了解这家公司。"

投资点拨

如果能以经营企业的心态去投资股票，那么你势必会对持有或打算持有股票的上市公司之业务进行详细且全面地了解，当然也就不会去买入一些没有竞争优势的上市公司股票。

我所买入的是一家公司，而不仅仅是一些股票。

- 我将如何管理这家公司？
- 我应该考虑哪些因素的影响？
- 我需要担心什么？
- 谁是我的竞争对手？
- 谁是我的客户？
- 与同类企业，我有什么优势与劣势？

巴菲特金玉良言：
永远不要问理发师你是否需要理发！

并购潜力企业

费雪认为，某些具有独特财务状况的公司拥有某种潜力价值，如果该公司的获利能够得到不断改善，股票价格就能上升。巴菲特对这个观点也提出自己的看法，他认为，一个有潜力的企业，其经济状况是完全不同于一般企业的，如果能买到某家杰出企业，相对于一般企业的静态价值，杰出企业会有扩张价值，其扩张价值最终会使股市带动股票价格。

在巴菲特的财富经历中，他的波克夏公司并购了不少有潜力的企业。巴菲特从1982年起，在波克夏年报中多次公开声明他并购企业的六条基本标准：一是公司规模较大，至少有500万美元的税后利润；二是有持续稳定的盈利能力；三是公司在少量举债或不举债情况下，有良好的权益收益率水准；四是良好的管理；五是简单易懂的业务；六是清楚的出售价格。

1972年，巴菲特买下喜诗糖果公司。该公司每年以每磅1.95美元的价格卖出1600万磅的糖果，获得400万美元的税前利润。巴菲特并购它时，花了2500万美元，是因为他觉得这家公司有一种未被开发出来的定价魔力，每磅1.95美元的糖果可以很容易地以每磅2.25美元的价钱卖出去，若以每磅30美分的涨价，1600万磅就可以额外收入480万美元，所以2500万美元的购买价还是划算的。

巴菲特在这件事上，从未雇过咨询师，因为他知道每个加州人心中对喜诗糖果都有一些印象，他们认同这个牌子的糖。巴菲特说："我们在1972年买下喜诗糖果，从那之后，我们每年都在12月26日，圣诞节后的第一天，就开始涨价。第一年，我们卖了3000万磅糖果，一磅赚2美元，总共赚了6000万美元，其中，5500万美元是在圣诞节前3周赚的。相信10年后，我们会赚得更多。这确实是一桩好生意！"

巴菲特购买企业与购买股票的标准是一致的，即遵循成长型价值投资。

也许有人会问，中小型投资者手中的资金有限、信息量有限，甚至能够投入的时间也十分有限，怎么可能像巴菲特那样购买并拥有企业呢？巴菲特给了答案，他说："当我还在经营自己的合伙人企业时，我曾经对自己经手过的所有大宗交易与小宗交易，做过一次回顾性的研究。我发现在大宗交易上的成绩要远超过小宗交易上。这个现象不难理解，因为我们在进行每一项大宗投资之前，都会去考察很多东西，对企业的了解也因此更为透彻；而在进行小投资决策前，我们的表现则显得较为粗心大意。"

广大中小型投资者可能用于投资的金额并不是很多，也不好效仿巴菲特购买企业的方法，但是却可以此作为借鉴：重视企业潜在的价值。其实，小型投资者拥有巴菲特没有的自由与优势，拥有更广泛的自由；此外，在购买股票时的操作也简单得多，不需要跟别人谈判，"市场先生"每天都会给你一个报价，你只需要考虑一个问题——企业与价格。

投资点拨

广大中小型投资者在羡慕巴菲特进行大宗收购的同时，也不能忽略自己的优势，正所谓船小好调头，小额资金在市场上拥有更大的自由度。

● 巴菲特并购企业的六条原则：

一、公司规模较大，至少有500万美元的税后利润。

二、有持续稳定的盈利能力。

三、公司在少量举债或不举债情况下，有良好的权益收益率水准。

四、良好的管理。　　五、简单易懂的业务。

六、清楚的出售价格。

巴菲特金玉良言：
我想要的并非是金钱。我觉得赚钱并看着它慢慢增多，是件有意思的事。

像经营企业一样投资

究竟该如何去投资？很多投资者并没有深入研究过这个问题。他们只是机械地买卖手中的股票，而很少对持有股票的企业进行全面考察；但投资大师巴菲特却不是这样，他认为把投资当成经营企业乃最佳的投资方式，因为一张普通股票代表着拥有该企业部分的经营权。巴菲特建议投资者要停止思考股市本身的问题，而应多思考当自己拥有这些上市公司时所须面临的经济问题。一个优秀的投资者应专注于企业的远景，并从别人的愚蠢行为中获利；换句话说，当其他人陷入无知的恐惧与贪婪之际，正是你利用他们犯错的机会来获利之大好时机。

同时，巴菲特忠告投资者运用反向思维去考虑哪些该买、哪些不该买。巴菲特的投资理念是通过商业意义，以比较低的价位购买优秀企业的股票。在巴菲特看来，所谓合乎商业意义即投资时担负最低的风险、获得最高的年复利报酬率。巴菲特比华尔街其他经纪人成功概率高很多的原因，就是他像企业家一样追求长期利润，而其他人则偏重短期获利。

波克夏公司的一个股东就曾经这样评价巴菲特："对于他来讲，最典型的例子就是从价钱只有1美元的购买中，获取2美元的收益。看一看可口可乐公司全球性的发展就知道了。波克夏公司在20世纪80年代就买下可口可乐公司，当时可口可乐公司的收入所得仅仅是现在的一个零头。"

巴菲特不仅依照企业的内在价值来投资，他还对公司的资产负债表十分感兴趣，同时也关注公司的增长前景、竞争能力。如果你要投资某个企业，就要看该企业以往的账目及获利状况，如果企业获利不错，就再衡量该企业的获利是否持续稳定，或是大起大落；如果该企业获利持续稳定，就去估计它的预期报酬率，然后再货比三家，以确认它是否是相对较好的投资，一旦确认就该马上行动！

第四章　坚持价值投资

巴菲特的这些经验告诉投资者，即使是个人少量资金的投资，也应该有企业经营的思维。看准了就要坚持，因为任何一只股票投资都不会一帆风顺，关键是深入的研究，事先要把功课做得扎实。

投资点拨

个人投资者因为自己的资金少，因而在购买股票时缺乏对上市公司基本面的深入研究，这种做法其实是不可取的。不管投资额大小都应当认真对待，这样才能获得成功。

决定持股的因素

决定持股的因素是企业自身的价值和成长性，而非股市的起伏和宏观经济的变化。

巴菲特金玉良言：
如果我们最重要的路线是从北京去深圳，我们没有必要在南昌下车，并进行附带的旅行。

选择持续性获利行业

选择持续性获利行业是巴菲特投资哲学中非常重要的一个标准。怎样选择持续性行业呢？它包含了两方面的内容：一是选择具有持久竞争优势的公司，持久竞争力是获利的保证；二是选择管理水准良好的公司，管理水准直接影响公司的竞争力和获利能力。

巴菲特在1979年时购买美国通用食品公司的股票，当时每股价格是37美元，一共购买了400万股。他之所以看中该公司的股票，就是因为这个公司有着高额利润，从该公司的经营历史来看，其利润每年又以8.7%的速度递增。巴菲特的判断是对的，该公司1978年每股利润是4.65美元；1979年，其股票每股利润出现巨额增长，高达12美元；到1984年，每股利润涨到6.96美元。

这段时间内，通用食品公司股票的价格也一直上涨，1984年的股价达到54美元。巴菲特看中的这类高成长、高回报的公司，也得到其他投资者的认同。1985年，菲力浦·莫里斯公司看到通用食品公司的投资价值，以每股120美元的价格从巴菲特手中购买其全部股票。巴菲特因此大赚一笔，其投资年平均收益率达到21%。

在投资过程中首先要学习巴菲特如何选择投资对象，重点掌握具有消费垄断优势的品牌公司，这些公司大多具有持久获利的能力，能够为投资者带来丰厚的回报。在选择这些公司时，应重点考察管理人员的经营效率，那些能够以最低成本运作的公司，与同行业其他公司相比，常常具有较强的获利能力。选择这些公司，就能像巴菲特那样战胜市场，赢得丰厚的利润。

巴菲特进行投资的时候，很重视企业的管理水准，有时甚至超过了对公司可测算价值的重视。例如，美国的著名品牌公司——可口可乐公司，自其创立以来，一直能够持续发展；但在20世纪70年代初，由于董事长包尔·奥斯丁的无能，导致该公司管理混乱，投资频频失误，员工人心涣散，税前收益逐年下降，公司的发展不甚乐观。

第四章 坚持价值投资

80年代初，奥斯丁被迫辞职，罗伯特·高泽塔担任公司董事长。罗伯特具备杰出的领导才能，他上任后大力提高可口可乐公司的管理水准，削减各项开支，取消各种与本行业无关的投资，制订新的发展计划。

可口可乐公司在罗伯特的领导下，不久又焕发出蓬勃生机，股票价格也逐年走高。1988年，巴菲特出巨资投资该公司股票时，该公司的股票市价已比1980年增长4倍。在当时看来，巴菲特是在"追高买进"，是很不明智的做法，而当时华尔街的证券分析家们也否定巴菲特的这一举动。

事后，巴菲特就此事接受美国《机构》杂志采访时认为，他这次花巨资购买可口可乐公司的股票，是因为他信任罗伯托·高泽塔的管理才能。可见，巴菲特十分重视可口可乐公司的管理水准和领导者才能，在他的公司内在价值分析方法中，对管理水准的考核已提高到相当重要的地位。

投资点拨

巴菲特在择股时，除了要明确了解该公司的内在价值是否被市场低估、公司是否具有良好的管理水准这两个要素外，还要确认该公司是否具有可持续发展的能力。

巴菲特在1988年高位买进可口可乐股票

巴菲特在1988年高位买进可口可乐的股票，足以证明他对公司管理层的重视。

113

关注影响价值投资的因素

在实行价值投资的时候，首要是必须关注影响企业内在价值的因素，也就是企业管理层和企业的财务与市场，并且从这两个方面来仔细衡量企业的价值。

巴菲特指出，衡量一项投资是否成功，有关管理层方面的两项条件是应该被牢记的：

一是管理层能够得到肯定的评估，其中不仅包括了企业实现其全部的潜在能力，也包括其明智地使用其现金流通量的能力。

二是管理层能够被充分信赖，他们能真正地为投资者的利益着想，与股东保持着畅通的沟通管道，使收益能够从企业转入到投资者手中，而不是被他们收入自己的口袋中。

巴菲特在选择投资的对象之前，通常十分重视考察企业的经营管理者的素质。在巴菲特自己所拥有的旗舰公司——波克夏·哈萨威投资股份公司中，他的最高奖赏就是使公司经理成为企业的股东之一，让他们把企业看作是自己的企业。

如此一来，经理们就绝对不会忘记自己的首要目标——增加股东权益的价值，因为这也意味着增加自己的财富。

巴菲特认为，一个企业经理应当严格履行自己的职责，全面如实地向股东报告企业的经营状况，对股东的利益高度负责。

要收购或投资一家企业，巴菲特首先对企业管理者的素质进行全面考察。他考察企业管理者的时候，非常注重管理者是否具有独立经营能力而不受所谓惯例的驱使，以及是否能够理性决策，使企业沿着正确的经营路线不断发展。

巴菲特认为，在一个企业拥有好的管理层后，还应该去评估企业的财务与市场，这样才能确保价值投资的成功实现。

在过去的几十年里，巴菲特鲜有失败的投资，但在这伟大成绩的背后，他所用的方法却是极为简单的。他的投资原则是优选公司，充分考察公司的管理状况、经营业绩以及现行价格。

对投资者具有吸引力的企业，其所拥有的共同特征就是：高额利润，且能为投资者带来高收益，而在巴菲特看来，投资者在购买股票前，要先考察企业的财务状况。

巴菲特常常对他的股东们说，绝对不要的企业之一，就是投资财务报表难以看懂的企业，他说："如果我看不懂某家企业的财务报表，就表示该企业的管理层不希望我看懂，如果管理层不希望我看懂，那么，其中一定有不好的地方。"

企业的市场原则与其经营理念关系紧密，对投资者而言更是具有重要意义。投资者在购买股票时，必须重视企业的市场原则：一、企业的估价应为多少、企业是否会被大打折扣以便低值买进；二、关注企业的市场占有率及一些潜在的竞争力，产品价格下降及需求减少可能对企业利润产生的影响程度；三、企业开展多种经营的能力。

普通投资者在实际操作中，经常被资本、现金流、附加值等众多术语给搞糊涂了，然而，他们却很少去关注企业的财务报告、去研究企业的市场原则。他们更愿意听从股评家的建议，如在哪个价位买入哪支股票、多少天后再将其抛售等。

巴菲特对投资者的盲从心理有着非常深刻的洞悉，因此他告诫投资者："投资的关键就是你要保持独立的思考。"他自己本身更因为这样的特质，而为公司赚进大把的钞票。

● **影响价值的因素:**

一、企业管理层

　　1.能否得到肯定的评估:包括发挥企业全部潜在能力和合理使用企业现金的能力。

　　2.能否充分为企业股东利益着想。

二、企业的财报及市场

　　1.财报是否简单易懂:权益回报率是否足够高。

　　2.市场估价、占有率、竞争对手情况等。

投资点拨

财报反映了该企业的所有经营资讯,投资者应当抓住财报中的关键资讯认真分析。在巴菲特眼里,权益回报率(即净资产收益率)是最重要的指标,此指标越高表示该企业盈利能力越强。

巴菲特金玉良言:

1.追根究底,我一直相信我自己的眼睛远胜于其他一切。

2.我始终知道我会富有,对此我不曾有过一丝一毫的怀疑。

第五章
长期持有优质股票

　　寻找低估的股票、买进、长期持有、稳健获利，巴菲特的投资就这么简单，他并没有每天忙来忙去地买进卖出，长期持股是巴菲特取胜的一大法宝。从短期来看，巴菲特的股票投资业绩并不特别高；可是以长时间来看，他几十年的平均收益率超过20%，这可以说是举世无双的！巴菲特总结自己的成功经验时，曾明确表示，如果你不愿意拥有一只股票10年，那就不要考虑拥有它10分钟。

放长线钓大鱼

巴菲特认为一个成功的投资者一生不必做许多投资决定,只要做几次对的就行了。巴菲特常常嘲笑自己是个"又懒又笨"的人,因此这么多年来,选股和买股的动作不多,卖股的动作更少;但这已足够让他成为最伟大的投资者了。

巴菲特在11岁时第一次投资股票,当时他和姐姐用存下的零用钱买了3股城市服务公司的股票,但买进后不久,股价开始下跌,姐姐一直埋怨他。后来好不容易股价上升,他受不了姐姐的唠叨,急忙抛出手中的股票,最终每股赚了5美元左右。但是,该股后来不断上涨,使巴菲特后悔不已。

这次深刻的教训让巴菲特明白,投资者如果对某支股票有信心,不管买后是涨还是跌,都要坚持到底,选择长线投资,而此信条成为日后巴菲特的投资思想之一。巴菲特深信,即使是小钱,只要看好公司,长期投资也能发大财,他说:"我偏爱的持股期限是永远。"

巴菲特有一句名言:"短线而言,股票市场是投票机,人气旺的股票走高;但就长线来看,股票市场是体重机,本质好的股票不会寂寞。"他将《华盛顿邮报》、吉列、大都会——美国广播公司和可口可乐公司列为永久持有对象,并且宣称:"不管市场如何高估它们的价值,我都不会卖出。"

事实证明,巴菲特永久持有绩优股的获利相当丰厚。根据波克夏公司2001年的财务报表来看,巴菲特投资《华盛顿邮报》28年,赚了82倍;投资美国运通公司赚了3.68倍;投资吉列公司赚了4.43倍。

综观巴菲特所执管的波克夏公司投资项目中,可口可乐公司和吉列公司一直是他长线持有的投资项目。用巴菲特的话来说:"我们很少关心几年内这些公司的股票成交量。我们在意的是公司的长远进步,而非依据短期股票的增值来衡量业绩。如果我们对此抱有坚定的长线投资信念,短期价格对我们便失去意义，除非它们提供增加公司所有权的机会。"

巴菲特确定长线投资的股票，所获得的收益率都远远超出同一时期的标准普尔500指数和道琼斯指数的增长率。确实，投资应该是一项长期的行为，短期的交易意味着你离失败不远。这是因为短期交易的费用如果合计起来，包括税收和佣金，会使投资业绩大打折扣，且若是交易很频繁，随着时间的推移，不断支付的佣金和其他费用是复合增长的。

因此，巴菲特认为频繁交易对投资者没有多大好处，只是券商多得利而已。对于长期持有者来说，交易的次数少，能使交易佣金等交易成本在投资总额中占很小的比重。

投资点拨

巴菲特成功的投资经验提醒我们：一个理性的投资者要想获得较高的收益率，就必须坚持长期持有的原则，短期行为是不明智的。

● 巴菲特1977～2003年对明星企业的长期投资

公司	持有年限	持有数量（股）	成本（百万美元）	市值（百万美元）	收益率（％）
《华盛顿邮报》	30	1727765	11	1367	12327.27
迪士尼	21	51202242	281	1536	446.62
GEICO	19	34250000	45.7	2393.2	5136.76
可口可乐	16	200000000	1299	10150	681.37
富国银行	14	56488380	463	3324	617.93
吉列	13	96000000	600	3526	487.67
房地美	12	59559300	294	2803	853.4
美国运通	10	151610700	1470	7312	397.41

绝不随随便便投资

巴菲特一贯坚持长期持股的投资策略，他认为投资的关键在于挑选好股票之后，在适当的时机、较低的价格买入后一路持有。股市上的风险很大，稍不谨慎，就有可能倾家荡产、血本无归，这就要求每一个投资人，入市之前一定要采取谨慎的态度。许多人投资股市，对股票并没有做过深入的研究，他们往往本末倒置，急于让自己手中的股票变成钱，在他们看来，这样才是真正赚到了钱，岂不知他们的做法是"捡了芝麻，丢了西瓜"。

对待投资应当像对待婚姻一样慎重，不轻易下手，一旦下手就应将股票视作自己的终生伴侣一样对待。股市里有一条不言而喻的规则：每个投资人必须自己承担投资的风险。这是全世界投资手册里都写明的，只是没有引起一些投资人的重视而已。巴菲特认为，自己当自己的基金经纪人和选择自己喜欢的优秀公司都是非常重要的；因为，投资者拿钱出来投资是想要致富，而不是想在股市中寻找刺激。

巴菲特提供了一个不管经济好坏都会为你赚钱的投资之道。他的秘诀很简单：买入不管经济好坏都能赚大钱的企业。既然企业赚钱，投资者当然也就跟着赚钱了，而波克夏公司多年的投资成就向我们说明了这个道理。

大部分投资者借由分散风险的做法来自我保护，以防因为欠缺足够的智慧和专长，把巨额资金投注在少数的企业上而受到伤害；所以他们把资本分配在不同种类的投资上，借此达成避险的目的。巴菲特虽然认为分散投资风险是必要的，但是如果把它当作投资的主旨就是不正确的。投资时只执着于分散风险，以至于握有一堆不同种类的股票，却对所投资的企业鲜有了解，这实在是很盲目。

巴菲特受凯恩斯的影响，他也采取集中投资的策略，这种精简措施就是只投资在少数他非常了解的企业股票，而且长期持有，而巴菲特降低风险的

第五章 长期持有优质股票

策略即是小心谨慎地把资金分配在想要投资的股票上。他认为最重要的是，要投资哪些股票以及用何种价位买进以降低风险；也就是说，以合理的价位买进那些经营卓越公司的股票，减少发生损失的概率。巴菲特常说，如果有一个人在一生中，被限定只能做出10种投资决策，那么他出错的次数一定比较少，因为会审慎地考虑各项投资，最后才做出决策。

这样决策所选定的股票，经过长期持有，会有很好的收益。所以，巴菲特告诫那些想长期投资的投资人，绝不要随随便便投资，同时投资和持有时要审慎。

投资点拨

婚姻对大多数人而言只有一次，大家都将婚姻看作是一件神圣而美丽的事情来认真对待。投资者希望从股市中获利，这也是一件十分重大的事情，也有必要认真对待，容不得半点随便。

投资股票犹如结婚

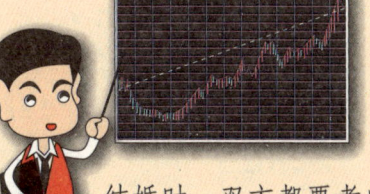

结婚时，双方都要考虑对方的人品、学历等因素；而投资时，则要考虑是否有增值潜力等。

巴菲特金玉良言：

要知道，你打扑克牌时，总有一个人会倒霉，如果你环顾四周，看不出谁要倒霉，那倒霉的人就是你自己了。

迟缓应对市场

巴菲特认为只要企业能够产生出高于平均水准的经济效益，并且管理层是诚实和可靠的，就可以选择买进这家企业的股票。这种思想使他对市场的敏感度与焦点不感兴趣，更进一步使得自己的节奏与整个华尔街相反。华尔街的大多数人持股时间都很短暂，巴菲特则认为自己拥有股票的最佳期限是"永远"。

有人认为巴菲特的投资策略太过于保守，针对这点，巴菲特说："按兵不动其实是最好的策略，我们不会因为其他券商、联邦储蓄贴现利率的小小改变，或者是哪位在华尔街颇有威望的人士之看法，而改变我们既定的操作思路，去购入不被看好的企业或是抛出一个非常有利可图的企业股票。我们拥有只有少数人才能得到的最优秀企业之股票，因此，我们是不会改变任何战术的。"

其实在进行投资时，巴菲特的态度是非常明确的：永远不卖掉自己所拥有的出色企业，并毫不犹豫地将一般的企业股票抛售，而且不管是买进或是卖出，都不会频繁地交易。

巴菲特认为，具有正确投资观念的投资者不应该羡慕那些频繁交易者，虽然他们总是买进卖出，看起来获利似乎还不错，但是仔细思考后，就会发现其中的不同之处。

如果两个人同时花相同的钱购买同一只股票，而且是一只成长型企业的股票，具有良好的发展前景，就在他们持股的一段时间后，股价上涨了5％。其中一个人非常相信该企业的未来发展前景，他认为即使目前股价上涨缓慢，甚至可能还会下跌，但只要企业没有发生巨大的变化，它的股票就值得长期拥有。

若所有的投资者都抱着上述的心态投资，他的投资管理会很轻松，他不会每天关注收盘价，也不必时时在意交易量，只须每季看看企业公布的财务报告。

而有的投资者则不这样做，当股价上涨一段时间后，他决定将股票抛售以换取现金，因为相较于其他疯狂上涨的股票，这只股票的上涨幅度及速度都比较缓慢。在变现之后，他又开始疯狂追逐那些能获得更多收益的股票。经过多次的买空卖空后，所得到的结果通常是：在这只股票上赚的钱，可能又在那只股票上亏损了，而且这种投资策略会使他失去良好的心态，变得急功近利，失去理性的判断力。

频繁交易是不少投资者在股市中失败的原因。在股市里由于急功近利的心态驱使，频繁交易是广泛存在的，很多投资人都有这样的经历，为了快速赚钱，在短时间内加快交易的速度，但最后的结果是股票越来越多，但账户里的资金却越来越少。

频繁交易之所以会导致失败，通常是因为股票的短期走势有着一定的随机性和不确定性，投资者在操作和判断上存有很大的失误率，此外，频繁交易对人们的心态所造成的负面影响很大，非常容易引起判断和操作的失误，如此一来，不但增加交易成本，还很容易使股票的数量增多，从而增加操作的难度。

有人说过，巴菲特在投资领域的行动就像无尾熊一样迟缓。实际上，这正是投资者长线投资的鲜明特点之一。

由于投资通常在价格上落后于股市，其衡量股票买入时机的最关键因素乃是企业的内在价值，以及市场上形形色色的资讯，而这些资讯的变化是缓慢、不易被察觉的。

投资者所做出的每一步行动，也都建立在长期战略的眼光上，绝非立足于短期行情之上。

投资点拨

每个人都希望能够在最短的时间内获得最大利益，但任何事物都有其自身的运作规律，期望通过频繁的短线交易，从股市中赚取超额的利润是不可能现实的，因为交易的次数越多，犯错的时候越多。指望每笔交易都能赚很多，恐怕只有上帝才能做得到。

迟缓应对市场

还好卖掉了！

多数短线交易者常常会因为某天的卖出躲过一次下跌，而沾沾自喜。

算了！还是先别买好了。

然而就中长期的走势来看，他当初的卖出行为却显得是那么的愚蠢；而当行情看好时，这些短线交易者又往往因为害怕踏空而不得不去追高。

巴菲特金玉良言：
别人赞成也好，反对也罢，都不应该成为你做对事或做错事的理由。

不要频频换股

在实际操作中，许多投资者会频频换股，这是因为他们对市场寄予过多的期望，出现对市场反应过度的现象，结果是一有风吹草动，便迫不及待地行动——不是急着买进，就是急着卖出。

事实上，人们通常对于股市的跌涨并非没有任何心理准备，然而，其问题在于：到底有多少人能做到眼看着自己的资金正在一天天缩水，却还能保持镇定自若？

巴菲特认为，成功投资者必备的一种素质就是无论从资金到心理上，都能为市场的波动做好万全的准备。投资者不仅要从理智上接受市场可能出现的任何变化，同时还要保持理性与独立的判断，这样一来，发生变化时就不会无所适从。

事实上，如果投资者坚持自己当初的投资是正确的，就不必理会市场的任何变化，并保持应有的从容态度。正如格雷厄姆所说的："一个真正的投资家极少被迫出售其股票，而且他们拥有在任何时候都能对当时市场情况置之不理的心态。"

一个理智投资者应该对市场的任何变化都能做到处变不惊。如果投资者面对市场波动，总是感到惊慌失措甚至弃股而逃，这种脆弱的心理会让你时刻关注别人的行动与看法，"总是担心错过什么"是投资者的致命弱点。投资者不仅不能从投资中获得丰厚的利润，甚至连本金也可能因不良心态而损失惨重。

在一些经纪人的投资报告中，常常会出现这样的话："经济形势良好，因此应该购买股票。"这种说法好像很有道理，但事实上却行不通。经济形势的变化难以预料，各种不确定因素随时都有可能干扰预测结果的准确性。

这样做的结果是，你只能永远跟在别人的后面，而你希望的收益也将一次次化为泡影。

上述问题可能就是所有投资者最容易违反，也最难以改正的一个缺点；所以，将自己的输赢寄托在分析师身上，而没有自己的判断，是非常不可取的行为。

与那些对市场信息过度敏感的人有所不同的是，有些投资者一旦选择了股票，便放心地长期持有，他们并不过度关注股价每天的变化，从而也就免于遭受由于别人判断失误所带来的痛苦。

对于投资者来说，最大的收益并不是在频频换股中得来的，重点在于如何把握股票买进卖出的时机。对此，费舍尔认为，投资者购买股票的最佳时机是在某个前景看好、具有投资价值的新企业刚开始启动时购买。

一般来说，企业的新产品刚刚开始上市时，需要有一个打开销路的困难时期；此时，大多数投资者对其信心不足，这家企业还不被人看好，就可以大胆出手。

另外，投资者往往在市场出现波动时便迫不及待地卖出股票，等到股价跌至更低的时候再重新买入。这种方式似乎很合理，不过在实际操作中，常常会错过股票反弹的最好时机，再加上投资者必须支付更多的交易税费，以至于整个交易成本都会大增。

费舍尔认为，如果投资者在选择股票时，从一开始就对企业有较为全面的认识，并对其未来的发展有合理的展望，便大可不必为了获得那一点点的波动差价而费心了。

投资点拨

不仅要从理智上接受市场可能出现的任何变化，同时还要保持理性与独立的判断，这样就不会无所适从。

第五章　长期持有优质股票

频频换股无异于神经过敏

频频换股者：股市一有风吹草动，便脚底抹油开溜。

神经过敏者：常常无中生有，对外界的正常现象反应过度。

巴菲特金玉良言：
投资股票致富的秘诀只有一条，买了股票以后便锁在箱子里等待，耐心地等待。

长期持有要有耐心

巴菲特的成功使他成为一个令人敬仰的人士，他成功的最大原因就是他的耐心。从他1956年合伙成立投资公司以来，美国的股市长期来说就非常热络，许多人沉不住气，把股票卖了，可是巴菲特却在持有股票后十几年不动。他的方法就是在股票低于实际价值时买入，坚决持有至价值被发现，在超过其内在价值时，他才会抛出。1969年美国股市太热，巴菲特在整个市场上再也找不到估价合理的股票，于是卖掉了持有13年的股票。

事实证明巴菲特的眼光非常独到，在他卖出股票半年后，华尔街经历了为期三年的大跌。直到1973年，巴菲特又重新买入1060万美元的《华盛顿邮报》股票，这笔投资到1989年已增至4亿8600万美元；1974年，他以4500万美元买入的政府雇员保险公司（GEICO），至1989年已价值14亿美元。巴菲特20多年来的平均收益率为29％，正是这么高的收益率才使他成为一代股神。

巴菲特认为，一个投资者要想取得成功，就必须有耐心。在他看来，耐心是作为一个成功投资者应该具有的重要素质，只有耐心持股才有机会在等待中获得超出一般指数的成绩。

巴菲特经常说，只要他对某只股票满意，就会买下并长期持有，即使交易所关门10年也无所谓。持股10年，大多数投资者是很难做到的；因为在这漫长的时间里，利率、经济景气指数及公司的管理层都有可能发生很大的变化，促使股价剧烈波动。股价的波动对大多数投资者而言，将会严重刺激他们的神经，使他们的信心和耐心受到挑战，往往为了停损而卖出股票。

对集中投资者来说，耐心是必备的素质，要想得到超出市场平均值的回报，就更需要加倍的耐心与智慧来应对由股价波动所带来的影响。如果拥有像巴菲特一样的耐心，并长期坚持下去，一定会获得丰厚回报的；因为股市中，成功总是青睐有耐心的人。

可长期持有的三类股票

仔细研究巴菲特长期持有的股票后，我们发现，可以把这些股票分为三大类，即获利能力强的企业股票、成长型公司股票、具有差异化优势的公司股票。

巴菲特不以股价上涨或下跌的幅度作为判断是否应该持有，或是卖出股票的标准，他的投资决策取决于该企业的经营绩效。巴菲特判断持有股票还是卖出的唯一标准是该公司是否具有持续获利的能力，而不是其价格上涨或者是下跌。

既然是否长期持有股票是由能否持续获利所决定，那么衡量公司持续获利能力的主要指标是什么呢？

巴菲特认为最佳的衡量指标是透明盈利。透明盈利是报告营业利润加上公司的留存收益，再减去这些留存收益分配时应缴纳的税款。要计算透明盈利，投资人应该确定投资组合中，每支股票相应的可分配收益，然后算出总和。每个投资者的目标，应该是建立一个投资组合，计算他在10年左右将能带来最高的预计透明盈利。

这样的方式将会迫使投资人思考企业长期远景而不是短期的股价表现，而且进行这种思考有助于改善自己的投资绩效。

就长期而言，投资决策还是取决于公司未来的获利能力。如果企业的获利能力短期内发生暂时性变化，但并不影响其长期获利能力，投资者就应继续持有；但如果公司长期获利能力发生根本性变化，投资者就应毫不迟疑地卖出。

巴菲特在进行长期投资时，除了买进获利能力强的股票外，还喜欢购买成长型的股票；这是因为成长型的股票，其成长性良好，将来会获得较高的回报率。

　　成长型公司的主要盈利业务的收入，以及净利润的增长态势通常都处于高速扩张之中，并且大多会采用分红股而较少分现金的方式，这样既能保证企业有充足的资金投入运营之中，又能够使业绩的递增速度追上股本规模的高速扩张，而且在多次大面额送配股之后，其含金量和每股收益却不会因此而有所稀释。

　　所以，投资者若能长期投资上述的成长型企业，必然会获得相当丰厚的盈利，如此一来，不仅可以保证投资本金的安全，而且还可以为投资者带来不菲的收益。

　　巴菲特在买入股票时非常注重公司的差异化竞争优势，因为他认为，这种优势是别人（或企业）难以模仿的，如果该公司管理层在业务经营和资本配置方面都比其他公司还要好，那么，长期持有这样的股票绝对是最好的投资。

　　因此，当巴菲特投资政府雇员保险公司（GEICO）时，就是看中该公司的差异化竞争优势。该公司是美国第七大汽车保险商，主要为政府雇员、军人等顾客提供汽车、住房、财产保险服务。

　　GEICO的保险销售方式很特别，相较于其他保险公司通过代理商卖保险的方式而言，GEICO则主要采取直销方式，该公司将保险单直接寄到客户家里，这样的方式不但可以加强与客户之间的直接联系关系，而且也同时达到节省成本的效果。

投资点拨

并不是所有股票都值得长期持有，如垃圾股票。能够长期持有的股票在巴菲特看来有三类：获利能力强的企业股票、成长型公司股票、具有差异化优势的公司股票。

GEICO的差异化竞争优势

该公司是美国第七大汽车保险商

主要为政府雇员、军人等顾客

提供汽车、住房、财产保险服务。

保险销售方式，把保险单直接寄到客户家里，这样不但可以加强与客户之间的直接联系，而且节省了成本。

巴菲特金玉良言：
选择少数几种可以在长期拉锯战中产生高于平均收益的股票，然后将你的大部分资金集中在这些股票上，不管股市短期涨跌，坚持持股、稳中取胜。

长期持有而非永远持有

巴菲特一生的经验就是长期持有一只股票数年甚至数十年，这样的收益率远远高于短线买卖数百只股票。巴菲特之所以决心长期持股不动，关键在于他对长期投资有强烈的信心，而且这种信心建立在理性分析的基础上。对于投资者来说，一时的暴利并不代表长期的盈利，而经常的微利却可以转化成长期的巨大收益；然而巴菲特所说的长期持有，绝对不是永远持有。

1984年的时候，巴菲特开始买入大都会——美国广播公司的股票，后来又大量增持。他在这时还对外部公开声明，要永久持有大都会——美国广播公司的股票；但是，他并没有那样做，在他持股10年之后，大都会——美国广播公司被迪士尼公司收购。巴菲特于一年之后，全部抛出自己手中的大都会——美国广播公司的股票。

2003年，巴菲特又看中了中石油。他说："读了这家公司的年报之后就买进了，这是我持有的第一只中国股票，也是到目前为止唯一的一只。这家公司的石油产量占全球的3%，是很大的数量。中石油的市值相当于艾克森美孚的80%。去年中石油的盈利为120亿美元，在世界500强公司的排行榜上，只有5个公司获得了这么多利润。当我们买这家公司的股票时，它的市值为350亿美元，所以我们是以相当于去年盈利的3倍价钱买入的。中石油没有使用财务杠杆，它派发盈利的45%作为股息；所以基于我们的购买成本，我们获得15%的现金股息收益率。"

巴菲特根据中石油稳定的现金股息收益率就做出了价值判断，能够稳定地获得15%的投资收益率，他认为中石油股票可以长期持有，于是他开始购买中石油的股票。从2003年4月开始，巴菲特通过波克夏公司不断增持中石油的股票；至4月24日，巴菲特共持有中石油23.38亿股，占中石油全部发行的H股股本的13.35%，总投资4.88亿美元；到2007年，随着油价突破70美元1桶，巴菲特根据市场这一变化，改变自己原来的想法，他售出手上的中石油股票。

第五章 长期持有优质股票

所以，巴菲特所说的长期持有并非是说要永久持有；因为在持有的过程中，可以不断观察和了解公司的发展状况，以决定持股的期限；因此有些暂时持有的股票很有可能会变成长期持有的股票，而原来长期持有的股票也可能会被卖出。

投资点拨

长期持有的前提是随时关注公司的基本面及盈利情况，如果公司的基本面和盈利状况严重恶化，就应当及时卖出手中的股票了。

巴菲特为何购买中石油

中国石油

石油产量占全球3%。

2002年盈利120亿美元。

没有使用财务杠杆。

派发盈利的45%作为股息。

原油上扬

卖出理由：2007年，随着油价突破70美元1桶。

巴菲特金玉良言：
我认为想要学习投资专业的学生，只需要两门教授得当的课程：如何评估一家公司，以及如何考虑市场价格。

第六章
巴菲特的操作策略

巴菲特受到许多大师级人物的指导，加上自己对投资具有天才般的悟性，以及在投资领域里长年的摸索打滚，逐步形成独到的操作策略。这些策略博采众家之长，来源于前辈，又超越了前辈，使巴菲特终生受益。

青出于蓝而胜于蓝

巴菲特早在内布拉斯加州立大学念书时，就阅读过格雷厄姆所著的《聪明的投资者》，并且非常推崇；因此能够成为名师之徒就成为他最大的心愿。大学一毕业，他便通过自己的努力，进入哥伦比亚大学商学院学习，师从格雷厄姆。

格雷厄姆向巴菲特传授了价值投资的理念，他告诉巴菲特，真正的投资者不能总把精力放在行情显示幕上，而是应当着重了解上市公司的内在价值。他认为投资者应当了解公司的盈利情况、资产负债水准，以及未来的发展前景等，只有充分掌握这些资讯，才能合理计算出公司股票的内在价值；而股价不可能在任何时候都体现出公司的内在价值，因而投资者要想在股市上获取丰厚的利润，就要去寻找那些价值远低于股价的公司，并且大量买进。当市场最终认可该公司的内在价值时，股价也会随之上升。

此外，格雷厄姆还把对风险的控制放在投资的首位，这也成为巴菲特日后奉行的信条之一。他在日后对向他求教的投资者讲述自己的成功的经验时说道："投资的第一黄金定律是拒绝损失；第二黄金定律是永远牢记第一条。"

格雷厄姆的强项在于研究分析公司的资料和年报资料，但对企业的类型和特质却很少关心，因而就会出现一个问题，那就是当真正发现被市场低估的公司时，它们的经营状况也或多或少地出现了些问题，这也为巴菲特的投资活动带来了不少的困惑。然而，费雪的出现为巴菲特解决了此问题，如前面的章节所提到，费雪以投资成长股见长，拥有"成长股之父"的美誉，他主张投资成长率高于市场平均水准、利润丰厚以及管理出色的公司，而不太在意公司现在的股价。巴菲特高价收购喜思糖果公司的案例，便是受了费雪观点影响，后来的事实表明，这是一笔十分明智的交易。

跟巴菲特学投资

巴菲特的高明之处在于他吸收了格雷厄姆和费雪的精髓，而且他还把老师们的理论发扬光大。他认为要想进行成功的投资，就必须对投资对象进行全面的了解。

投资点拨

巴菲特之所以高明，是因为他学习了许多投资、经济大师们的观点。

巴菲特的老师们

格雷厄姆：
"价值投资之父"

费雪："成长股之父"

凯恩斯：
宏观经济大家

芒格：
最忠实的伙伴

巴菲特金玉良言：
就算联储主席偷偷告诉我未来两年的货币政策，我也不会改变我的任何一个作为。

建立自己的理论

巴菲特在格雷厄姆的安全边际理论和费雪的基本面分析基础之上，建立了自己的投资理论。他遵循价值投资的理念，坚定长期持有，加上自己忍耐坚毅的性格，成为一代投资大师。

巴菲特投资策略主要包括以下几个方面：

◆ **不被自己的情绪所左右**

长期以来，有效市场理论已经为多数投资者所接受了，人们通常认为股价即是反映公司的一切资讯；然而，巴菲特却对此说法不屑一顾，他认为人们在股市上若感到贪婪或恐惧的时候，时常会以愚蠢得不可思议的价格购进或是卖出股票。

贪婪与恐惧是人类与生俱来的两大丑陋弱点，投资者在投资股票时往往也很难克服这两种情绪的影响；因而要想投资取得成功，就不能被自己的情绪所左右，须做好反贪与反恐工作。

◆ **充分认识市场**

只要是市场便会有波动，市场上不可能出现只涨不跌或只跌不涨的股票。作为投资者，不仅要在理智上充分认识到这点，还要在操作上做到镇静自若、从容应对。一个真正的投资家极少会因为股价的波动而影响到自己的预期目标。

◆ **学会保护自己不受损失**

许多没有进入股市的人往往会嘲笑那些进入股市的人是多么地愚蠢，这种现象十分普遍。事实上，当人们从事一件与利益有关的事情之时，往往会失去理智，犯下一些极其低级的错误。

所以，在进行投资活动时，投资者必须学会如何理智地分析辨别问题，要学会分析和认识影响股价的真正因素，而不要被股价涨跌的表现所迷惑。

唯有学会全面客观地了解各种问题及因素，才能保护自己在股市中不受损失、获得收益。

◆ 选择值得投资的行业

真正决定一项投资成败的因素是公司未来的表现，因为投资的业绩是由未来而定，所以公司所处行业就显得尤其重要。

显而易见，投资朝阳行业比投资夕阳行业更易获得较大的收益。巴菲特的投资原则是不做不熟的，只做简单易懂、行业性质明确、收稳定收益、业绩可期的公司。

如果投资者选准股票，并且能够在市场的周期性低点购入，那么就有可能获得高额的收益。选择那些有发展潜力的股票，可以获得长期、稳定、高额的收益。

投资点拨

股市上有一条定律，那就是任何事情都不会简单地重复。因此，要想在股市上取胜，就应当通过现象分析本质，并总结出一套适合自己的办法。简单地照抄照搬可能会让你占到一两次便宜，但却不能让你终生受益。

第六章 巴菲特的操作策略

巴菲特的策略

● 不被自己的情绪所左右

● 充分认识市场

● 学会保护自己不受损失

分析公司价值
1995 2010
2008

● 选择值得投资的行业

巴菲特金玉良言：
价格是你所付出去的，价值是你所得到的。评估一家企业的价值，一部分是艺术，一部分是科学。

风险控制

股市是一个充满机会与陷阱的地方，它可以让你一夜之间暴富，也可以让你在一夜之间变得一贫如洗。股市里充满了各种风险，但这些风险并非是不可防范的，只要我们能够及时采取合理的应对措施，便可以避免可能的风险。

要想避免风险，首先要学会认识风险、了解风险。总体而言，股市中的风险分为三大类：

第一类是市场价格波动风险。无论是成熟的股票市场还是新兴股票市场，股票价格总是在频繁地波动，价格波动是股市的基本特征，也是不可避免的事。无论是成熟的美国股市还是新兴的中国股市，都曾经历过股市的暴涨暴跌。

第二类是上市公司的经营风险。股票价格与上市公司的经营业绩通常有着密切的关系，而上市公司未来的经营状况则是充满着不确定性，每年都会有许多上市公司因为管理者经营不善而出现亏损，这时，公司的股价也会随之下跌。

第三类是政策风险。任何国家的有关部门都会随时颁布或调整一些直接或间接与股市相关的政策、法规，而这些通常都会对股市的运行产生重大影响，有时甚至还会带来巨大的波动，例如，中国股市在2007年5月30日突然将原有的股票交易印花税率由原先的千分之一提高到千分之三，进而导致沪深股市在接下来的几个交易日里大幅下跌，这个措施在当时便造成广大股民的巨大损失。

有时候，相关部门也会颁布一些经济政策，虽然不直接针对股市，但仍然会对股市运行带来很大的影响，这些政策包括汇率、产业及区域发展政策等，如2008年11月中国政府颁布的"四万亿经济刺激计划"，便为沪深股市带来一波可观的反弹。

巴菲特认为投资的关键在于懂得如何自救，而自救的能力源于周全谨慎的考虑。不要一下子就把所有资金投入股票当中，看好一只股票可以分批、分阶段地购进，而且手头还必须留有足够的备用资金，以应对股价大幅下跌和风险。

巴菲特的经验告诉我们，如果投资者本身的经济条件欠佳，那么，在一开始就要减少投入的金额比例，但这并非指收回所有的资金，我们可以先动用小量的资金投石问路。

在巴菲特看来，谨慎往往远比激进要胜百倍之多，因为谁也不能预测股市下一步的走势，毕竟五分钟前还大幅上涨的股票，有可能在五分钟之后就突然大幅杀跌，世界上几乎无人能够每次都抓住这种变化的转捩点；所以在大规模投资之前，必须先以小资金试探性地投资，等到心中有底时，再加大投资力度。

巴菲特认为，慎重不是保守，更不绝对是胆小的象征，而是一种修养、一种策略的表现。试想，如果一个人连自己的性命安全都保护不了，还谈什么发展的可能性呢？股市也是这样，如果连本金都损失掉了，还可以拿什么去获取利润？

在巴菲特经验中，我们可以显而易见的看出一条定律：鲁莽总是与错误相伴，而慎重总是与正确相随。因此，取得高收益的前提就是控制风险、减少损失！

投资点拨

发展的第一前提是生存下去。要想在股市里赚钱，首先要学会的是不要亏钱，只有在这个基础上，才能谈赚钱。

股市中的风险

● **市场价格波动风险：** 股市每天正常的涨跌。

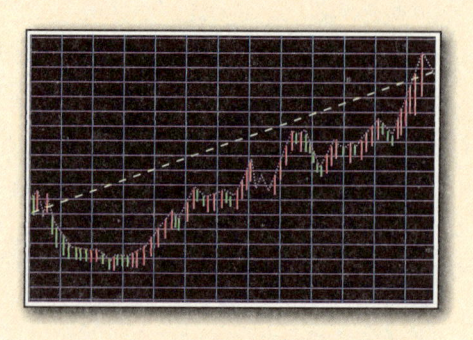

● **上市公司的经营风险：** 上市公司欺诈、高层贪污、同行竞争等。

● **政策风险：** 印花税、汇率、国家重大经济计划等。

巴菲特金玉良言：
投资的最高原则有三条：第一，尽量避免风险，保住本金；第二，尽量避免风险，保住本金；第三，坚决牢记第一、第二条。

别想一夜暴富

巴菲特是个投资天才,而他有一种独特的禀赋,是许多人无法学会的,那就是他对股票的态度——耐心和热爱。大多数人一直在琢磨如何才能快速致富,从这个角度来看,巴菲特的投资理念和方法与人们想一夜暴富的心理是相悖的。

巴菲特几乎是用了一生的时间与精力才能够取得今天的财富与地位,他从来不认为自己具有一夜暴富的本领。在他看来,没有任何人可以具有预知未来的能力,谁也不能准确预测每只股票的每天涨跌;因此作为一个投资者,首先要弄明白自己现在有什么、正在做什么、想要得到什么、如果得不到又该如何。

人们通常认为股市是一个产生财富与神话的地方,报纸上也时常出现某人因为投资股市而获得巨额财富的报道。大多新股民都有一下子挖出个金娃娃的想法,但这种想法是十分不切实际的,它往往会让投资者蒙受巨大的损失。其实要想在股市中赚钱,必须做到心平气和、淡定自若。

如果投资者追求的目标不切实际,希望自己投资的股票天天上涨、每月攀升,到头来不但赚不了钱,反而会导致不必要的损失;因为抱有这种想法的人,往往很难做到理性投资。

暴富心理往往会增加人的贪欲。抱持暴富心理的人往往在买入股票后,一遇上股价上涨,他们对股价的期望值也会随之上涨,涨了1元想2元、到了2元盼4元……期望永远无止境,这样就使得不少投资者会在高位追涨,而却错过宝贵的卖出时机。

同样地,当股票的价格下跌时,有的投资者总是期望会出现反弹,真的出现反弹时,他们又总希望反弹得更高一些,这些不切实际的幻想会严重地影响投资者对基本面和行情的把握与判断,使其做出错误或冲动的决定。如此一来一往,投资者通常只会落到追涨杀跌的境地,自己的本金也会蒙受巨大的损失。

暴富心理会让人心情浮躁,手中有股时怕跌,手中无股时又怕踏空,落得坐立不安、心神不宁、不思茶饭的下场。

具有暴富心理的在购入股票后,总是希望股价马上大涨,但如果股价的走势未能如愿时,即便是一个小小的回档,也会让自己焦虑万分,无奈之际便会慌不择路、仓皇出逃。长期如此,草草决策、天天操作、日日满仓,仅仅是不断地帮券商赚钱,自己不但难以获利,还极易损失本金。

暴富心理会滋生人的赌性,这在投资上的重要表现之一就是在大势或个股的走势尚不明朗之时,或是在企业的经营状况尚未明显改观之前,仅凭自己的猜测而轻易地决定买卖,这无疑是为将来的失败埋下种子。

投资者若抱着赌一把的心理进入股市,最终无疑会走向失败。在股市不断下跌的过程中,遭受巨大损失的就是这类人;因为这种人在股市获利后,往往会被胜利冲昏头脑,进而不断加大筹码,而当行情进入下跌阶段时,他们便会因为持股太多而遭受更大的损失。

赌徒心态的人在股市中失利后,往往又会不惜一切背水一战,把所有资金投入其他的股票上,孤注一掷,期望翻盘而降低损失,然而一旦行情未能如他们所预测的方向发展,眼看市值不断减少,最终便会忍不住割肉出局,使得原本的浮亏变为实际损失了。

因此,作为一名真正的投资者,应当戒除投机之念,切不可抱一夜暴富的想法。

投资点拨

股市不是赌场,不是靠赌大小而致富的地方;因此赌徒的暴富心理也不适用于股市。拥有足够智慧与良好心态的人,才能成为股市的常胜军。

第六章　巴菲特的操作策略

赌徒与投资大师的区别

投资大师：具有足够的智慧与良好心态

涨！涨！我要有钱

赌徒：妄想一夕暴富

巴菲特金玉良言：
哲学家们告诉我们，做我们所喜欢的，然后成功就会随之而来。

避免受行情和新闻的影响

巴菲特的投资方法与其他投资大师有很大的区别，他很少关注新闻，他曾在公开场合中表示，即便是美联储主席悄悄地告诉他未来两年的经济政策，也不会改变自己的投资策略。这足见巴菲特对新闻的漠视。

令人惊讶的是，在巴菲特位于奥马哈总部的办公室里，居然没有一台股票行情机，也没有可以查阅资讯的电脑，这不得不让人对股神的做法难以理解。

然而，在50余年的投资活动中，尽管巴菲特对新闻十分漠视，也不怎么理会行情的变化，但他的收益却比任何人都高。对此，巴菲特的解释是，既然谁都不能预测经济和股市的走势，那么再去购买符合某种预测的股票便是十分愚蠢的做法，即便有时获得了收益，也不过是瞎猫遇到死耗子，纯属偶然。因此，巴菲特喜欢购买那些盈利能力不受经济变化影响的公司股票。巴菲特的投资历程显示，他所投资的公司都是一些在不同的经济环境下皆能获利的公司，既然持有的是如此优秀的公司的股票，那么又何必要去时时刻刻关心经济资讯与股市行情波动呢？

巴菲特认为市场上流行的分散投资与多元化投资是人们为了掩盖自己的愚蠢而采取的行为，这与他的恩师格雷厄姆的做法相反，他要求投资组合中必须有上百种股票，目的是为了防止某些股票不获利或出现亏损的情况。巴菲特一度采纳格雷厄姆的观点，但他后来发现，这种做法常常会让人顾了头忘了尾，完全照料不过来，于是后来巴菲特采取费雪和芒格的理念，即把绝大多数的精力与资金放在少量的优质股票上。

之后，巴菲特便开始了自己的集中投资策略。他所领导的波克夏公司所持有的绝大数比例的股票集中在不到10只股票上。在行业的选择上，巴菲特往往也是只选择一些垄断行业进行投资，从他的持股构成来看，道路、能源、电力等资源垄断型企业占了相当大的份额。巴菲特在2001年以低价大量购入中石油的股票，就充分地体现这种策略。

关于集中策略，巴菲特认为，当遇到比较好的市场机会时，唯一理智的做法就是大举集中地购入符合价值投资标准的上市公司股票。一个人一生中值得投资的股票总共算下来也不过四五只，一旦发现了，就要集中资金大量购买。个人投资者手中的持股数量在5只以下时，有利于管理，一旦超过这个数量后，便会分身无术，弄巧成拙。

投资点拨

过度关注会使人缺乏宏观大局的把握；同样地，过度关注股市短期走势会使人对中长期的走势产生误判。

听说那一股会再涨一星期

那我不是赚翻了！！

不听小道消息炒股

巴菲特金玉良言：
要投资那些始终把股东利益放在首位的企业。

不要在意股价的短期涨跌

巴菲特的投资以价值为导向，他注重股票的内在价值，而对股市短期的涨跌变化则毫不在意，他的大部分精力都花在寻找值得投资的好企业上。如何判别好企业？首先，它须具备长期发展的基础与潜力；其次，必须有为股东利益着想的管理层，这个管理层得由有责任感的人员组成，而且持有一定的公司股份，因为这样才能调动管理层做好、加强企业的积极性。

巴菲特从不会因为某只股票的短期上涨便大举购进，也不会因为手中持有的股票暂时下跌便将其出售。他一旦购入某家上市公司的股票后，便不会在意股价的短期波动，而会选择长期持有；同时，这家企业的长期成长也会为其带来超额的回报。

然而，不在意股价短期波动的前提是手中持有的必须是优质成长公司，否则买入一家经营毫无希望的公司股票，而且不在意股价的短期波动，恐怕也很难让人高枕无忧；相反地，最后很有可能会令投资者蒙受巨大损失。只有具备持久竞争优势的公司才能以垄断者的地位来获取超额利润，其竞争优势越大，所创造的获利能力也越强大，正是这点让巴菲特深信这样的企业会渡过任何难关，而公司的股价最终也会率先上涨。

但必须注意的是，优质公司的股票价格常常变化不大，因此投资者不能只看到它是优质公司，就不顾一切地购进。要想获得不错的收益，只能以较低的价格购入优质公司股票，否则也只是白费力气；所以，正确的买入时机是获利的关键。在股市当中，任何一家上市公司的股价都是处于不断变化之中的，尽管质地优良的上市公司很难会出现低价情况，但也不排除当有意外情况发生之时，也会出现令人惊喜的低价，这时，如果果断出手，就比较容易获取可观的收益。

长期持有并管理手中的股票，耐心等待公司的成长，是巴菲特一贯的投资

第六章　巴菲特的操作策略

风格，他从不寄望在一周或是一个月内就获取丰厚的利润。巴菲特在购入时机的选择上，秉承恩师格雷厄姆的观点，即当股价低于公司的内在价值时大量购进，然后便一路持有。

美国运通、可口可乐、迪士尼、吉列（后为宝洁兼并）等这些耳熟能详的优质公司股票，被巴菲特持有多年，也为他带来了巨额的财富。几十年来股市跌宕起伏，但巴菲特几十年如一日地持有优质公司的股票不变，这在别人看来是不可想象的，但巴菲特做到了，这也是他获得成功的重要原因之一。当有人问及巴菲特死后会投资哪家公司时，股神幽默地告诉他们说："可口可乐的销量会在短期内暴增，因为我会购买大量的可口可乐陪葬！"巴菲特选股如同选伴侣，他要的不是一夜风流，而是长相厮守。

投资股市大可不必每日盯着电脑屏幕看行情，股价时时都处于波动变化之中，人的精力毕竟有限，过于关注行情的变化和短期得失会让人心神不宁。

投资点拨

想获得不错的收益，只能以较低的价格购入优质公司股票，否则也是白费力气，而正确的买入时机是获利的关键。

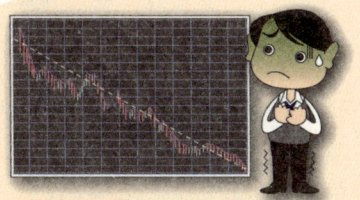

涨跌两难

有些投资者买入股票后，眼睛一直盯着行情，跌了被套牢就心慌、涨了想兑现获利更心慌，这类人不适合进入股市。

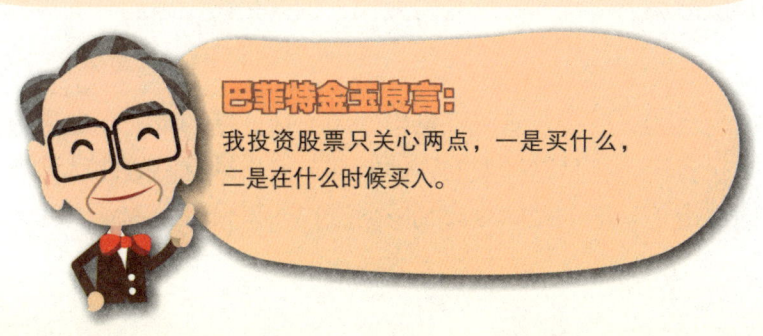

巴菲特金玉良言：
我投资股票只关心两点，一是买什么，二是在什么时候买入。

正确评估企业现在与将来的价值

虽然股票的价格在短期之内有可能会与公司的价值出现背离的现象，但是，就一家公司的长期发展而言，上市公司的价值与营运状态最终还是会主导其股价的。

大部分上市公司的价值与其股价现在的变动无太大关连，垃圾股也可能与绩优股一样，在某天突然上涨5个百分点，但是，经过长时期的价格变动，绩优股会逐渐反映出其真正的投资价值，而垃圾股最终也多半会露出其垃圾本色。

巴菲特曾在波克夏公司的年报中花了好几页的篇幅向股东解释其追求内在价值的过程。巴菲特把上市公司的内在价值定义为：可以从企业未来营运中拿回来的折扣现金价值，也就是每股的现金流量。随着外在利率的变动，企业未来的现金流量也必须不断地做出修正，因而一家公司的内在价值也会因此而有所变动。

以巴菲特1986年并购斯科特·费泽公司为例。并购当年，斯科特·费泽公司的账面价值为1.726亿美元，巴菲特出价3.152亿美元，足足高出市值约一倍。1986年至1994年间，斯科特·费泽公司的盈余为5540万元，而巴菲特分得的股利却高达6.34亿美元；之所以分得如此高的红利，是因为该公司握有多余的现金，而且将这些现金回馈到股东手里。

衡量绩效股票的准绳是价格的变化，也就是指股票购进价格和市价之间的差异。

巴菲特认为，若投资者只以价格作为衡量业绩的唯一标准是愚蠢的；然而大多数投资者确实是这样做的，他们都对价格缺乏清醒的认识。如果某种股票价格上涨了，他们就认为有利多消息；如果股价下跌了，就认为有利空消息，同时会采取相应的行动。他们这种将自己的行动依附于股价的上下波动是很不明智的。

另外，还有另一种愚蠢的习惯，就是以短期的价格衡量业绩。巴菲特认为，大多数投资者不仅衡量业绩的依据是错误的，而且，他们对于业绩的衡量太快，也太过于频繁、仓促——如果他们对所看到的数字不满意，他们马上就换股。

这种双重式的愚蠢——以价格为衡量依据，以及短期的炒作心态——表现在各个层面，是一种不健康的投资方式。

正是这种不健康的心态导致某些投资者每天都只关注股市的行情，并且经常打电话给证券代理商进行买进或卖出股票的操作。同样出于这个原因，共同基金管理者们总是快速更换他们的证券投资组合——他们认为这就是他们的工作。

巴菲特认为，就长期而言，股票的价格应该近似于企业价值的改变；就短期而言，价格能大幅度地在公司的实质价值上下盘旋，这是受企业成长之外的因素所左右。

问题在于，大多数的投资人仍然使用短期价格变化，以精确计量他们的投资方法成功或失败；但是这些短期的价格变化，对于预测企业的经济价值变动毫无帮助，反而对于预测其他投资人的行为较有帮助。

巴菲特认为，使用短期价格来判断一家公司的成功与否是一件非常愚蠢的事，聪明的人应该是要以公司因经济实力成长所获得的价值来判断一家公司的价值。

投资点拨

对于中长线价值投资者而言，股价的短期波动对公司价值的评判并没有多大帮助；相反地，还会带来很大的干扰。

正确评估公司的价值

正确评估公司价值应根据公司的基本面及预期盈利,而非股票价格

1. 初始的股东权益报酬率。

2. 营运毛利、负债水准与资本支出需求的变化。

3. 该公司的现金产生能力。

巴菲特金玉良言:
账面结果不会影响我们的经营和资本配置决策。

不要预测市场的走势

对于投资而言，巴菲特只相信自己对企业价值的判断，从来不去预测市场，也不相信别人对市场的预测。在2002年投资中石油时，所罗门等投资银行对中石油的投资评级为卖出，但巴菲特没有受到他们的影响，结果巴菲特成功了。

巴菲特始终坚信人们永远不可能预测市场。他建议投资人应集中精力去研究自己所投资或将要投资的企业之基本面，而不应该做预测市场这类白费工夫的事情，因为除了上帝之外，还没人能预测未来。

巴菲特说："在投资中，我们把自己看成是公司分析师，而不是市场分析师，也不是宏观经济分析师，甚至也不是证券分析师。"他还说："芒格和我从来不关心股市的走势，因为这毫无必要，也许这还会妨碍我们做出正确的选择。最终，我们的经济命运将取决于我们所拥有的公司之经济命运。"

对于众多的投资人总是痴迷于对股市走势的预测，著名经济学家凯恩斯就曾说过："不要试图估计股市的走势，而应集中精力了解你熟悉的企业。"

电视里、报纸上，股票评论家经常不去了解企业就能说出股价的走势。对此，巴菲特建议投资人千万不要相信那些股评家所说的。既然他们知道明天什么股票会上涨、什么股票会下跌，那么他们还有必要坐在那里向各位推荐股票吗？这个道理是显而易见的。

格雷厄姆说："对任何投资者而言，股市上最大的敌人不是股市，而是你自己。如果在股市中无法控制自己的情绪，即使有再强的分析能力，也难获胜。"

股票市场上，可以说危机四伏。只有在大市一路狂升之时，人人才有可能都是股神，凡买股票者都能赚钱；然而多数时间，大部分的人还是以亏钱告终。

股票市场始终会有买家和卖家，买家和卖家是根本对立的；但无论股票市场上有多少人的看法对立，投资人最大的敌人仍然是自己。投资者往往都是因为过于贪婪，以致投机过度而遭损失；相反地，也有投资人过于恐惧、过于保守而错过绝佳的投资机会。

当我们在买卖股票时，并不会有任何人强迫你买应该什么，也不会有人强迫你一直买多或是买空，但不少投资人买卖时，大市看好，他偏偏要卖出；大市看淡，他偏偏要买入，其所受的损失，其实都是自己造成的，与他人无关。

尤其是一些投资人，听到一些小道消息说某只股票的行情好，就莽撞入市并大量买入。之后证明这些消息都是假的，自己也受到不小的损失。但这些损失是谁之过？当然是投资人自己的过错，怪不得别人，只能怪自己轻信人言。

又有一些投资人在经过分析之后，认为市势会出现大升或大跌，如果他拿着自己的分析去进行股票的买卖，之后可能有机会真的赚大钱，但他可能时常抱着不敢相信自己的分析正确的想法，也因为这种不自信的心态，使他又一次错失赚大钱的良机。

如果投资失败了，我们应该怪罪于谁？或许在我们的周围充满了各种假想的敌人，但是，真正最大的敌人还是我们自己。与其去分析和我们对立的投资者心态、对方的资金流向、投资技巧和买卖原因等，倒不如先分析一下自己的想法。

我们应该冷静且仔细地分析一下自己为什么会遭受损失、为什么会错失机会、为什么看错、为什么轻信小道消息、为什么不肯止亏、为什么买入一些垃圾股票等无数的问题。要在股票市场击倒你的对手，你一定要先学习如何战胜自己。

第六章　巴菲特的操作策略

投资点拨

这个世界上没有预言家，股市里更是如此。

各种媒体上的股评家

电视媒体

广播电台

财经报刊

巴菲特金玉良言：
过去，我对预测市场的短期波动并不擅长，当然现在我也同样不擅长。事实上，我对未来六个月、一年、二年后股市的走势一无所知。

155

把握最佳买卖时机

股票买卖时机是指买卖股票比较合适的时间。它既可以是一个时间"点",也可以是一个时间"段"。对于短期股票投资而言,"点"的意义显得重要;而对中长期股票投资而言,"段"的意义则更为重要。

巴菲特认为股票投资选择所要面对的两个重要问题:一是选择投资的股票,即"选股";二是选择股票买卖的时机,即"选时"。选准股票是股票投资能否成功的先决条件,而选择适宜的股票买卖时机是股票投资能否成功的关键,投资者应给予高度的重视。如果投资时机选择不对,就算选对了最佳股票,也可能由于整个大势的疲软而举步维艰,甚至下跌,造成投资损失;或者可能卖出时机未到,贸然卖出股票,而该股票却在卖出之后,才开始大幅上涨,使得投资收益大大减少。所以,有人说,选股是从大处着眼,选时是从细处着手。

在选择股票买卖时机的时候,有一些基本的原则和方法需要遵循:

◆ 股票的买卖原则

股票买卖时机的选择要因人而异,不可千篇一律,资金的多少、心理素质的优劣,以及短期投资还是中长期投资等差异使买卖时机有所不同。为了更好地把握买卖时机,应注意以下原则:

(1) 长期股票投资的买卖时机选择之原则

经济发展有四个过程:复苏、繁荣、衰退、萧条的周期性变化,人们称之为景气回圈或商业回圈。股市受经济的影响,股价走势也有回头上涨阶段、涨势明显(加速)阶段、涨势停顿阶段、回头下跌阶段、跌势加快阶段、跌势缓和阶段等(或者说,起步、繁荣、滑落、盘旋等)不同阶段构成的周期性变化，人们称之为股价回圈。长期股票投资买入时机宜选择在经济周期的萧条末期，即股价回圈的跌势缓和期；长期投资的卖出时机应选择在经济周期的繁荣阶段的末期，即股价回圈的涨势停顿期。

(2) 中期股票投资的买卖时机选择之原则

巴菲特认为，中期股票投资应该在股市长期上涨趋势确定的条件下进行波段式操作，并且宜在中期上涨趋势中，避开中期调整阶段。

(3) 短期股票投资的买卖时机选择之原则

巴菲特认为，短期股票投资应该在股市长期涨势和中期涨势确立的条件下进行。把握的买卖时机应在中期涨势的初期和中期，后期应减少操作。

◆ 股票买卖的方法

股票买卖的方法按买卖的次数分，可分为一次买卖法、多次买卖法或分批买卖法。买卖方法的选择尚无定论，视具体情况而定。一般而言，短期投资主要是采取一次买卖法；中长期投资主要采用分批买卖法。

股市受战争、政治及一些意外因素的影响比较大，但这些因素对股市的影响通常不是长期的。股市上有句谚语："不要告诉我在什么价位买入，只要告诉我买卖的时机，我就会赚大钱。"因此，对于股票投资者来说，选择买入时机是一个相当重要的关键。买入时机因投资时期长短、资金多少等因素有所不同，但也仍然可以找到规律。一般而言，只要下列情况出现，就是最佳买入时机：

(1) 当有坏消息传来时，基于人的本性，通常股价下跌得比较厉害，就是买进的良好时机。

(2) 当股市下跌一段时间后，长期处于低潮阶段，但已无太大下跌之势，而成交量突然增加时，就是逢低买进的最好时段。

(3) 当股市处于盘整阶段，不少股票均有明显的高档压力点及低档支撑点可寻求，在股价不能突破支撑线时购进，在压力线价位卖出，可赚短线之利。

(4) 当企业投入大量资金用于扩大规模时，企业利润下降，同时各种建设中不可避免地会有问题发生，从而导致很多投资者对该股票兴趣减弱，使股价下跌，这便是购进此股票的良好时机。

(5) 当资本密集型企业，采用了先进生产技术，使得该公司的生产率大幅提高，从而大大提高其利润的时候，就是购买该上市股票的最有利时机。

选择好的时机买进股票很难，但在好的时机卖出股票更难，这与"创业难，守业更难"的艰辛很相似。卖出股票必须掌握一定的技巧，否则不仅不能赚钱，可能还无法顺利脱手。一般而言，只要下列情况出现，就是最佳抛售时机：

(1) 当买进股票一周后，若其价格上涨了50％以上，此时应该立刻出售。当股票的投资收益率远高于存款利率时，投资者应该当机立断，该脱手时就脱手。

(2) 遇到长期上涨的行情，要适可而止，切莫贪心，赚一倍即脱手。

(3) 遇到突然涨价的股票，并且涨幅较大时，应立即脱手。因为在这种情况下，股价很可能受大户操纵，若不及时出售，一旦大户抛售完手中股票，再想卖出就很困难了。

(4) 当股价上涨后，行情平稳之际宜卖出股票；成交量由增转减时，宜卖出股票。

(5) 当股价创出新高后，在某个交易日价格突然下跌，且比前交易日收盘价低的时候；该交易日的全天股价波幅必定大于上个交易日之波幅的时候。

对于持续稳健上升的优质股而言，若出现以下情况时，就应该将股票卖出：在过去一年里，股份企业中无人增购本企业股份；企业利润增长率与销售利润率明显下降，靠削减开支维持盈利，且企业目前又没有开发出有市场前景的新产品。

对于发展缓慢型股票，出现以下情况，应出售股票：企业连续两年销售不景气；产品库存量大；资金周转缓慢；兼并亏损企业而使自身资金长期被占用，并在短期内无法使兼并企业转亏为盈；股价上涨30％以上，或在大户操纵下，股价上涨10％以上。

对于复苏上涨型股票，当其发行企业已成为众所周知的发展型企业，人们纷纷购买其股票时，是卖出的好时机。

巴菲特认为，在股票市场大赚的投资者，往往是那些比别人先走一步，愿意花时间对潜在公司进行深入了解的人。当别人纷纷抛售股票时，他们却坚定信心买进股票，如果有必要的话，这类投资者甚至早就准备好在未来2～3年，甚至更长时间内持有股票，直到其他投资者蜂拥而入，将该股票价格拉上来为止。

对于那些成长型公司来说，不管经济形势发生什么变化，它们都必须年复一年、季复一季地将其收益率稳定保持在15％或更高的水准上以满足投资分析家的期望，并随之提高其股票的价格。

投资股票成功的关键在于不被市场的短期波动所迷惑，心里清楚整个经济大势的走向。如果政府设定的经济预警指数已经向下反转，同时通货膨胀和利率同时攀升，那么投资者或许就得到一个清晰的指向，那就是经济萧条正要来临。

这对股票市场来说，就不是一个利多消息，这时是投资者卖出股票的最好时机。在经济萧条的末期，投资者可以把在股票市场上卖出股票赚来的钱，重新以较低的价格买回股票。

投资点拨

虽然价值投资不提倡频繁地买卖，但良好的买卖时机却是投资股市的必备技能，掌握好了就可以大幅提高资金回报率。

股票买卖的原则

长期投资
股票投资买入时机

萧条　复苏　繁荣　衰退

经济发展有四个过程

中期投资

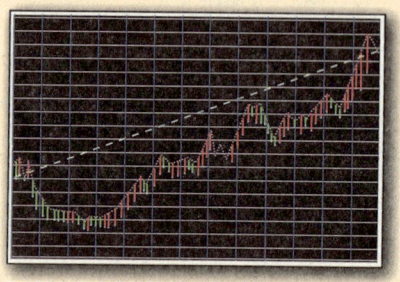

长期上涨趋势确定的条件下进行波段式操作

短期投资
投资卖出时机应在股市长期涨势和中期涨势确立的条件下进行。
买卖时机应在中期涨势的初期和中期

巴菲特金玉良言：
我是个现实主义者，我喜欢目前自己所从事的一切，并对此始终深信不疑。作为一个彻底的实用现实主义者，我只对现实感兴趣，从不抱任何幻想，尤其是对自己。

少犯错，少失败

成功的投资者，十分留意怎样将自己的知识应用在炒股中。有的人很有学问、知识的范围很广，你问他的问题，他都能回答，但是有学问的人并不一定是最聪明的人。很多有学问的人缺少对事物的综合判断能力，在如万花筒似的股票市场中，其学问就无从发挥了。世界上大多有数学专长的经济学家、金融学家，虽然拥有足够关于股市的知识，但十之八九都不能在股市中赚到钱，其原因多数是对股市知识的综合判断力的缺乏。巴菲特的成功就得益于他对股市有很强的综合判断力，能有效地防止和避免亏损。他的以下经验可以帮助你提高自己的综合判断力，阻止本金亏损。

◆ 顺势而为

当股市走势良好时，宜做多头交易，较差时则做空头交易；但顺势投资必须注意一点：时时刻刻关注股价上升或下降是否已达顶峰或低谷，如果确信真的已达此点，那么做法就应与"顺势"的做法相反，这样投资者便可以出其不意而获先见之"利"。投资者在采用顺势投资法时应注意两点：①是否真涨或真跌；②是否已到转捩点。

◆ 多头降低成本、保存实力

多头降低成本、保存实力意指投资者在股价上涨时先卖出自己持有的股票，等价位有所下降后再补回来的一种投机技巧。这种操作方法被称为"拔档子"（亦称"回补投资法""滑坡煞车法"），它的好处在于可以在短时间内挣得差价，小小积累投资者的资金。

如此操作的目的有两个：一是行情看涨卖出、回落后补进；二是行情看跌卖出、再跌后买进。前者是多头推进股价上升时转为空头，希望股价下降再做多头；后者是被套的多头或败阵的多头，趁股价尚未太低时抛出，待再降后买回。

◆ 保本投资

保本投资主要用于经济下滑、通货膨胀、行情不明时。保本即投资者不想亏掉最后可获得的利益，这个"本"比投资者的预期报酬要低得多，但最重要的不会伤到本金。

◆ 摊平投资与上档加码

摊平投资就是投资者买进某只股票后发现该股票持续下跌；那么，在降到一定程度后，再买进一批，这样总平均买价就比第一次购买时的买价低。上档加码指在买进股票后，股价上升了，可立刻再买进一些，以使股数增加，从而增加利润。

上档加码与摊平投资的一个共同的特点是，不把资金一次投入，而是将资金分批投入，稳扎稳打。

◆ "反气势"投资

在股市中，确认大势环境无特别事件影响时，可采用"反气势"的操做法，即当人气正旺、舆论一致看好时果断出售；反之，果断买进，且越涨越卖、越跌越买。

"反气势"方法在运用时必须结合基本条件，例如，当股市长期低迷、刚开始放量高涨时，你只能追涨；而长期高涨，刚开始放量下跌时，你只能杀跌。否则，运用"反气势"不仅无法获得盈利，反而会增加亏损。

发现有损失，让损失停下来，这在股市中是不容易办到的。炒股是用钱赚钱的行业。一旦你的本金亏光，就表示你将一败涂地。无论明天你见到多么好的投资机会，手头没有本金，你只能凭空看着而无法行动。巴菲特提出的首要建议就是尽量保住你的本金，而做到保本的办法就是快速停损和别一次下注太多。

由于股票的运动没有定规，你不入场就不能赚钱，而入场就有可能赔钱，亏钱割肉停损是很难的事；因此，有句俗语："不会割肉的股民，就不是成熟的股民。"一般情况下，亏损10%～15%就要停损出局，寻找其他机会。

使股民大亏本金的通常有以下几个原因：

◆ 不及时停损

投资者必备的基本素质不是头脑聪明、思维敏锐，而是要有停损的勇气。很多人不是不懂这个道理，而是不忍心下手。但是，在股市中绝对要有停损点，因为你绝不可能知道这只股票会跌多深。

◆ 总想追求利润最大化

很多人都认识到高抛低吸、滚动操作可获比较大的利润，也决心这么做；可是长时间却没滚动起来，原因就是抛出后没有耐心静待其回落，便经不住诱惑又想先去抓热点，结果适得其反。不少人一年到头总是满仓，在股市呈现明显的波动周期，总抱着侥幸心理，以为自己也可以逆势走强，天天保持满仓。本想提高资金利用率，但往往是一买就套——不停损——深度套牢。究其原因就是想追求利润最大化，但结果却是损失惨重。

◆ 轻信别人

很多投资者通过学习，也掌握了很多分析方法和技巧，有一定的分析水准；但当自己精心研究了一只股票，只要听旁边的股民说这只股票不好，就立即放弃买入。有的人还看别人买什么，自己也就跟着买。这样大多情况下，只会亏本。

股民只要汲取了巴菲特的投资经验，并且很好地避免引起本金亏损的问题，在股市中的安全性和收益率就会提高。

投资点拨

借鉴巴菲特的经验，再加上自己的策略，相信你也可以在股市中有所收获。

跟巴菲特学投资

● **巴菲特的经验：顺势而为**

A档股票上涨 → 价高卖出
A档股票下跌 → 价低买入
赚取短时间内挣得差价

多头降低成本、保存实力

经济下滑 / 通货膨胀 / 行情不明 → 股市下跌
不想亏掉最后可获得的利益，最重要的是不会损失到本金。

保本投资

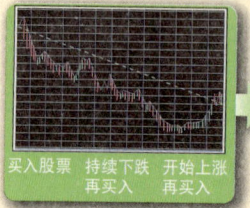

买入股票 持续下跌再买入 开始上涨再买入 → 平摊买入差价
股数增加，从而增加利润

摊平投资与上档加码

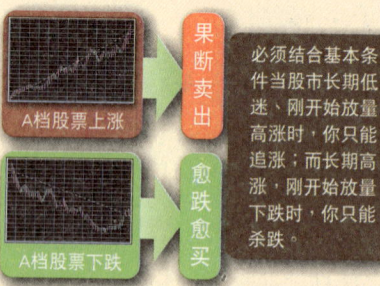

A档股票上涨 → 果断卖出
A档股票下跌 → 愈跌愈买
必须结合基本条件当股市长期低迷、刚开始放量高涨时，你只能追涨；而长期高涨，刚开始放量下跌时，你只能杀跌。

"反气势"投资

● **投资者亏损的原因：不及时停损**

追求利润不顾一切的愈跌愈买 → 结果 → 套牢惨赔

总想追求利润最大化

轻信别人

巴菲特金玉良言：
投资对于我来说，既是一种运动，也是一种娱乐。我喜欢通过寻找好的猎物来捕获稀有的、快速移动的大象。

第七章
巴菲特教你读财务报表

相信大多数投资者，只要不是学财会专业出身的，都会对上市公司的财务报表感到一筹莫展、无所适从。上市公司的财务报表是对上市公司的财务状况和经营成果的综合反映，它是投资者认识上市公司的基础，作为各种经营资讯和会计资讯的集合体。投资者通过阅读分析上市公司财务报表，可以进行科学合理的投资分析以降低风险。大多数投资者都觉得财务报表很复杂，所以看财务报表一般只看每股收益多少和分配方案，还有些股民看市盈率、净资产收益率和股东人数等，至于其他方面，例如利润构成、现金流量表之类，能够仔细阅读的人就不多了。巴菲特平均每天要读10份上市公司的财务报表，让我们来学习一下他的方法吧！

财务报表简要阅读法

按规定，上市公司必须把中期（上半年）财务报表和年度财务报表公开发表，投资者可从有关报刊及网站上获得上市公司的中期和年度财务报表。

阅读和分析财务报表虽然是了解上市公司业绩和前景最可靠的手段，但对于一般投资者来说，又是一件非常枯燥繁杂的工作。比较实用的分析方法，是查阅和比较下列几项内容：

◆ **查看主要财务资料**

(1)主营业务同比指标：主营业务是公司的支柱，是一项重要指标。上升幅度超过20%的，表示成长性良好；下降幅度超过20%的，则说明主营业务滑坡。

(2)净利润同比指标：这项指标也是重点查看对象。此项指标超过20%，一般是成长性好的公司，可作为重点观察对象。

(3)查看合并利润及利润分配表：凡是净利润与主营利润同步增长的，可视为好公司。如果净利润同比增长20%，而主营业务收入出现滑坡，说明利润增长主要依靠主营业务以外的收入，应查明收入来源，确认其是否形成新的利润增长点，以判断公司未来的发展前景。

(4)主营业务利润率：主营业务利润率=（主营业务利润÷主营业务收入）×100%。这个公式主要反映公司在该主营业务领域的获利能力，必要时可用这项指标作同行业中不同公司间获利能力的比较。

◆ **查看"重大事件说明"和"业务回顾"**

这些项目中经常有一些资讯，预示公司开发项目及其利润估算的利润增长潜力，值得分析验证。

◆ 查看股东分布情况

分析公司公布的十大股东所持股份数，如果股东中有不少个人大户，这支股票的炒作气氛将会较浓厚。

◆ 查看董事会的持股数量

董事长和总经理持股较多的股票，股价直接牵扯他们的个人利益，公司的业绩一般都比较好；相反地，如果董事长和总经理几乎没有持股，就应慎重考虑是否投资这家公司，以免造成损失。

◆ 查看投资收益和营业外收入

一般来说，投资利润来源单一的公司比较可信，多元化经营未必产生多元化的利润。

◆ 查看分配方案

每年的年报期间，能大比例送股的公司都会得到一定良好的炒作，一般容易推出高比例送转股方案的上市公司之主要特征是：上市公司的业绩相对优良、净资产值高、有充足的资本公积金和丰厚的滚存金、上市时间不长、最近两年尚未实施过增发和配股等融资方案，也没有分配过红利和高比例送转股。

投资点拨

任何一个国家的股市都有众多的上市公司，要想把每一家公司的财务报表都细细阅读，可能对大多数投资者而言都是很不现实的；因此，如何快速准确地抓出财务报表中的关键内容，就显得十分必要。

读财务报表之要领：

■ 查看主要财务资料

■ 查看"重大事件说明"和"业务回顾"

■ 查看股东分布情况

甲股东持有股份5%
乙股东持有股份8%

■ 查看董事会的持股数量

董事长持有股份53%
总经理持有股份20%
这家公司可以投资

■ 查看投资收益和营业外收入

■ 看分配方案

配股情形
融资方案
利润分配

巴菲特金玉良言：
如果你能从根本上把问题弄清楚并详加思考，你永远也不会把它搞得一团糟！

股东权益报酬率（ROE）

巴菲特的投资策略并不是空洞和毫无依据的，他的分析手段建立在如何解读资产负债表、损益表及现金流量表上，从中挖掘出一系列能真实反映企业内在价值的资料，例如，股东权益报酬率、营业利润率、所有者收益等，并以此作为他对投资标的进行财务分析的基准。

巴菲特在分析企业时，尤其重视财务内容，通过分析营业收入和净利润等相关的财务数字，来衡量该企业是否值得投资。他是如何从财务报表中挖掘这些衡量标准的呢？

我们先来了解一下企业财务报表。企业财务报表是由资产负债表、损益表、现金流量表三者组合而成的。

资产负债表反映的是企业在某个时期内，其资产、负债、股东权益等明细；损益表反映的是企业在一个时期内创造收益的情况，通过"营业收入－成本=利润"的方式体现出来，通俗一点讲，损益表直接反映了企业盈利或是亏损的多少；至于现金流量表，则反映企业在一个时期内的现金出入状况，以"收入－支出=盈余"的方式来表现。

股东权益报酬率（ROE）是巴菲特考察企业的核心指标。巴菲特重视的股东权益报酬率到底是什么呢？简单地说，就是用来衡量企业运用股东的资本，为股东创造利益的指标。

股东权益报酬率又称为净值报酬率，指普通股投资者获得的投资报酬率。

为了计算股东权益报酬率，我们必须从资产负债表与损益表里各取一个数字出来。

首先，请看资产负债表右下方有一个专案叫"股东权益"。股东权益或股票净值、普通股账面价值或资本净值，是公司股本、公积金、留存收益等的总和，这个数字就是用来计算股东权益报酬率公式的分母；接着，我们再看损益表的最下方有一个写着"本期税后利润"的专案，这个数字就是用来计算股东权益报酬率公式的分子。

股东权益报酬率的计算公式如下：

股东权益报酬率：（税后利润－股息）÷（股东权益）×100％

只要记住这个公式，就可以算出各类公司的股东权益报酬率了。股东权益报酬率表示普通股投资者委托公司管理人员应用其资金所获得的投资报酬，所以数值越大越好。

为什么要选择股东权益报酬率高的公司呢？道理很简单，如同你在银行存钱一样，你一定会选择存款利率较高的那一家吧！股票投资也是相同的道理，只要企业能有效运用股东投入的资本，投资人就能进一步获得更大的报酬，而股东权益报酬率就是用来判断这一点的指标。

为了充分说明ROE指标的重要性，我们假设有A、B两家上市公司，其基本面都不错，也有产业吸引力和竞争优势，但你资金有限，正困扰不知该买哪一家的股票。那么，让我们比较一下两家公司的股东权益报酬率，你就清楚应该购买哪家公司的股票了。

假设A公司资产有1000亿元，其中负债300亿元、股东权益700亿元，税后利润为140亿元；B公司资产有1200亿元、负债300亿元、股东权益900亿元、税后利润为60亿元。通过计算得出A公司的股东权益报酬率为20％，而B公司的股东权益报酬率仅有6.7％；也就是说，A公司与B公司的股东权益报酬率明显差了3倍。从投资者的角度来看，当然是投资A公司收益更高，资本会更安全。

巴菲特在选择投资对象时，ROE的底线是15％，低于这个数值的企业，他根本不考虑；同时还要参考企业的历史资料。

为什么ROE如此重要呢？巴菲特认为，如果ROE指标具有长期稳定性，可以较好地反映出公司（或者说管理层）的长期盈利能力，它弥补了每股收益因股本变化（送股转增）使得长期资料产生波动，不利于前后对比分析的缺点。所以，他希望的是，目标公司的股东权益报酬率可以长期稳定维持在一个较高的水准；但是，在判断股东权益报酬率时，他提醒投资者，有几点是必须加以注意的。

首先，基于长期投资的原则，不要只看某一年度的ROE，应该算出企业过去5～10年的资料。如果ROE在10年间都稳定维持在相当水准的公司，其未来股东权益报酬率应该能够稳定增长。

其次，对比企业股价的变动来分析ROE，因为股价的变化，会对股东权益报酬率造成影响，例如，即使税后利润（分子）很高，如果股价上涨便会导致股东权益（分母）随之增加，这样的股东权益报酬率数字就不怎么理想了；另外，股价下跌势必造成股东权益减少，即使税后利润不多，但算出的股东权益报酬率数字却有偏高的嫌疑。

再者，要注意企业的经营利润是否主要来自主营业务；因此，在看损益表时不应该只看净利，还要留意"营业外收入"。另外，也要分析企业是否靠出售资产或分公司、回购股票、大量计提当期减值准备等降低股东资产净值的方法，来提升ROE水平。只有靠主营业务盈利的提升来提高ROE的企业，才是值得投资者赞赏的。

特别要注意的是，要结合资产负债表上的负债情况来检视ROE。公司可以借助高负债增加短期利润，这样做忽视了长期的财务风险。如果负债多，作为分母的股东权益相对就小，但利润是全部资产创造的，所以这样的ROE数字也可能被高估了。理想的投资标准是，在负债不多的情况下，企业的利润也要不低才好。

所以，投资者在选择高ROE指标的同时，要弄清楚这种高水准是怎么来的。应将股东权益报酬率（ROE）和负债比率（如资产负债率）、非经常性收益（营业外收入）、股利发放率、资本支出等财务参数指标放在一起，对目标公司进行综合评估。

投资点拨

巴菲特的价值投资理念的理论根基即为ROE,它体现了投资者投资企业的回报率。ROE高的企业,成长性高,值得投资。

ROE的计算公式:

ROE =(税后利润 - 股息)÷(股东权益)× 100%

● 对A、B两家公司的比较

项目	公司A	公司B
资产	1000亿元	1200亿元
负债	300亿元	300亿元
股东权益	700亿元	900亿元
税后利润	140亿元	60亿元
ROE	20%	6.7%

A公司的ROE是B公司的3倍多,因此更值得投资。

巴菲特金玉良言: 吸引我从事投资工作的原因之一,是它可以让我过自己想过的生活。

决定企业效率的营业利润率

巴菲特在选择投资标的物的时候时，除了严格考核企业的ROE指标以外，他还非常注重对企业的营业利润率的考查。因为营业利润率直接反映的是企业的盈利能力；同时，营业利润率和股东权益报酬率又有着密不可分的关联。接着，让我们来看看巴菲特是如何从一家企业的营业利润率来评估自己的投资对象。

首先，我们来了解营业利润率的概念。营业利润率是用来检视营业收入（销售收入）究竟为公司创造出多少营业利益，也就是指公司营业利润与营业收入的比值，表示每100元营业收入获得的收益，这个数值可以由以下的公式计算得知：

营业利润率=（营业利润÷营业收入）×100%

一般认为得出的数值越大，公司获利的能力越强。而营业收入及营业利润等数值则可以在损益表上找到。

接着，让我们看看营业收入与营业利润之间的关系。

营业收入指的是企业销售产品和服务所得的销售总额。假设你正经营一家蛋糕店，如果这个月卖出了300个100元的蛋糕；那么，你的营业收入就是30000元。

营业利润则是从营业收入中扣除"营业成本"与"营业费用"之后的剩余利益。

什么是营业成本呢？营业成本是制造商品必须花费的成本，以蛋糕店的例子来看，就是你制作蛋糕必须购买的食品材料的金额。假如你这个月制作这100个蛋糕用了50斤面粉、20斤奶油、10斤糖等，总共花费了10000元，这

10000元就是营业成本。

营业费用则是企业为了维持营运必须花费的成本，比如你的蛋糕店每月支付的租金和员工工资等项目的总花费。假设租金为5000元、人员工资6000元、其他1000元，合计为12000元，这就是营业费用。

而从营业收入中扣除这两项费用之后所得的数字就是营业利润。那么，你这个月的营业利润就是8000元。

现在，我们清楚了与营业利润率相关的财务知识，接下来我们来实际计算一下蛋糕店的营业利润率。由前述可知，营业利润率是营业利润除以营业收入的百分比，即8000÷30000× 100％=26.7％，也就是说每100元的销售收入可以创造26.7元的利润（税前利润）。

由上述例子，我们可以轻易地发现，当营业利润率越高，它的获利能力也越强。一般说来，作为投资者，评估你的投资标的时，当然是营业利润率越高越好。

巴菲特之所以会选择营业利润率这个数字当作投资判断的基准，就是因为营业利润率是用来检视营业收入究竟为公司创造出多少营业利益的。通过了解前面所介绍的财务常识，我们可以看到，想要提升营业利润率就必须让营业收入增加，或者降低营业成本和营业费用。

如果能在增加营业收入的同时又降低这两项费用，营业利润率就可以进一步获得提升。由此可见，降低营业成本和营业费用对于每一个企业来说，都显得非常重要。

我们在平时的工作或是公司会议中，也常常听到"从这个月起，我们要努力节约成本、创造利润"之类的口号。这句话似乎没什么错；但是，在巴菲特的眼中，这类管理者还不是一位优秀的管理者。他认为优秀管理者，是从来不把节约成本当成口号喊的，或是将其视为一时兴起之事。他曾说过："每当我听某公司正在实施节省成本的新闻时，我会认为这个公司对成本的了解还不够清楚。"

节约成本不是一蹴而就的事，就像我们早上醒来时不需要下定决心说：

"好，现在开始呼吸吧！"优秀的经理人也不用在某一天突然表达："好，今天开始降低成本吧！"这表示节约成本应该是随时随地，如同呼吸般自然的事情与习惯。

巴菲特对于成本的管控相当严格，他无时无刻都在思考创造每1元营业收入的合理成本应该是多少。巴菲特所投资的公司中，大多数经营者都是抹布补了又补、省到不能再省的人，例如，富国银行的董事长、美国运通的总裁都是这样的经营者，即便他们为公司创下辉煌的收益，仍然不遗余力地节约成本。

巴菲特领导的波克夏公司也一样，全公司不到10个人，甚至连法律部门和公关部门都没有。简练的机构和人员使波克夏的营业费用不到营业利润的1%。

正如巴菲特所说："如果跟获利相同，但营业费用占营业利润10%的公司比较，看看这个数字，这意味着那些公司的股东因为多余的营业费用而丧失了9%的应得利益。"

那么，我们打算投资的企业，其营业费用怎么样呢？我们必须仔细看看损益表才能够了解。

巴菲特时常提醒投资者，当我们在做投资分析的时候，营业利润率也会因行业的不同而有很大的差异，所以，我们应该避免单凭数字判断企业的好坏。最重要的是，企业还必须尽可能与同行业的竞争对手，还有业界的平均值对比。

此外，由于营业利润率和股东权益报酬率有着密切关系，巴菲特还要分析净利润同比增长率。净利润同比增长率是反映公司发展潜力与发展后劲的第一指标。

在相同的市场环境下，有的公司稳步发展，有的却停滞不前，甚至一路倒退；因此，投资者选定净利润同比增长率高的公司是规避风险，寻求获利最为稳当的一步。

投资点拨

营业利润率，如同毛利率所反映的是一个企业在单位营业额的获利多少，这个数字当然是越大越好；同时，此数字还应当在同行业横向比较，以及和公司以前相比较，以获得对公司持续获利能力的评估。

以下两个公式是营业利润率、营业利润率：

1. 营业利润＝营业收入－营业成本－营业费用

2. 营业利润率＝营业利润÷营业收入×100%

巴菲特金玉良言：
当适当的气质与适当的智力结构相结合时，你就会得到理性的行为。

企业的真实价值——所有者收益

有部分投资者习惯采用现金流量来评估企业的价值，巴菲特对此想法有自己的观点，他认为："现金流量不是评估公司价值的完美工具，还经常会误导投资者。对于那些初始投资高而后续投资少的公司，如房地产、油气等而言，用现金流量来评估或许是一个合适的方法；但对于那些需要持续投资的公司，比如制造业而言，若仅用现金流量的方法，将无法正确评估该公司的价值。"

既然巴菲特告诫我们用现金流量的评估方法并不科学，那么他用的又是什么方法呢？巴菲特创造了一个相对更为准确的方法——所有者收益。我们在此重点讨论一下所有者收益与现金流量的区别，以及如何发掘所有者收益高的企业。

现金流量用来表示企业的"金钱流向"。前面我们学习过，通过对损益表中的"营业收入－营业成本"，我们可以得知企业究竟能产生多少利益；而通过对现金流量表中的"现金收入－现金支出"，我们就可以得知企业还有多少现金。

现金流量到底有什么重要性呢？我们在平日的财经新闻中，经常看到某某知名企业因资金链断裂而陷入破产倒闭窘境的新闻报道。这些因资金短缺而破产的企业，有的在损益表中还显示有高额的利润，但实际上却因现金短缺而无法维持经营。

这种情况是什么原因造成的呢？我们举一个常见的例子：有的企业为了赚取更多利润会大量进货，由于加大了进货与库存，相对地就占用了大量现金；但很多时候，企业会出现商品无法如预期热卖的情况，这时，就会面临大量库存压力及流动资金短缺的困境。

事实上，我们并不能时时刻刻掌握企业的经营活动，作为投资者，如果在做投资分析时，不认真地考虑这一点，或许就可能会把资金投向那些即将或已经陷入资金短缺的企业身上。

如何避免这种悲剧发生呢？我们从企业的现金流量表上就能识破上述状况。巴菲特也提醒了我们，账面有利润与实际握有现金完全是两回事。就像家庭主妇在记录收支的账本一样，对企业营运而言，能够审视"实际流入的现金（收益）－因花费流出的现金（支出）"之间的流动情况是相当重要的一件事。

企业的现金流量分为三种：经营活动的现金流量、投资活动的现金流量与融资活动的现金流量三大类。

根据传统会计准则计算的现金流量数值，通常是指经营活动的现金流量，即报告收益加折旧、损耗、摊销费用及其他非现金费用。

传统的现金流量评估方法就是，检视经营活动的现金流量是否为正数。如果该数值是正数就表示符合投资要求，而且数值越大越好。只要营业活动的现金流量持续保持正数，这就是一家可以靠本业持续创造利益的公司。这个数字通常可以在企业的预算报表中找到，一些证券投资类的期刊杂志也会刊载。

可是，巴菲特指出，问题的关键在于，经营活动的现金流量没有将设备投资考虑在内。对随时都需要设备投资以维持营运的企业而言，比如制造业，如果摒除设备投资的资本性支出，根据会计准则计算的现金流量很可能造成高估收益。所以，如果只凭经营活动的现金流量来分析投资对象，企业本身的价值也会被高估。

巴菲特在波克夏1986年年报中指出："根据会计准则计算的现金流量并不能反映企业真实的长期自由现金流量。对某些房地产企业或其他初始支出巨大而后期支出很小的企业估值时，'现金流量'的确可以作为一种反映收益能力的简捷方法；但对于制造业、零售业和公用事业这类企业毫无意义，因为这类企业的年均资本性支出总是很大，如果不持续增加诸如设备、厂房等资本性支出，它们很可能在不久的将来就会惨遭淘汰。"

据此，巴菲特提出"所有者收益"才是计算自由现金流量的正确方法，这个方法与根据会计准则计算的现金流量最大的不同是，包括了企业为维护长期竞争优势地位而花费的资本性支出。

"所有者收益"的具体计算方法是，将净利加上折旧、耗损和分期摊销的费用，然后减去企业用以维持其生产和销售量的资本支出。由计算得知的资料，当然是越高越好，而该数值在未来是否能够持续保持正数，则成了巴菲特的投资基准之一。

那么，究竟哪些公司的所有者收益表现是比较优异的呢？必须花费大笔设备投资金额的航空业及汽车业，该数值都有偏低的现象；而像可口可乐这样的企业，因为不需要巨额的设备投资，所以所有者收益则维持在相当高的水准。1973年其所有者收益才15200万美元，但到了1980年就增加到26200万美元，以年增长率8%的幅度成长；而1981～1988年间，则增加到82800万美元，以年增长率18%的幅度成长。随着所有者收益的不断增长，其股价也随之不断攀升。

然而，实际上计算所有者收益可能会相当麻烦。正如巴菲特所言："由于企业为维护长期竞争优势地位，其年平均资本性支出必定只能是估计，而且是一种极难做出的估计；所以，所有者收益的计算相对于传统的现金流量计算方法要麻烦很多，得出的资料也不是最精确的。"

但是，不论是对于购买股票的普通投资者，还是购买整个企业的经理人来说，所有者收益数值相比现金流量数值，更接近真实的估值数值。

大部分投资者应该会完全同意凯恩斯的观点："我宁愿模糊的正确，也不要精准的错误。"

投资点拨

巴菲特所提出的所有者权益概念是对传统的现金流量概念的补充与升华，适用范围更广，对评估企业价值更有帮助。

● **现金流量的分类**

营业活动的现金流量：
　　销售商品或服务所得的收入
　　买进产品或原材料的支出
　　管理费用支出
　　税务支出

投资活动的现金流量：
　　买卖有价证券的收入或支出
　　买卖固定资产的收入或支出

融资活动的现金流量：
　　从借款中得到的收入
　　偿还借款的支出
　　发行股票得到的收入
　　发放股利的支出

● **所有者收益**

所有者收益=现金流量 － 每年设备投资金额 － 营运资金

巴菲特金玉良言：
你不得不自己动脑。我总是吃惊于那么多高智商的人也会没有头脑地模仿，在别人的交谈中，没有得到任何好的想法。

第八章
巴菲特的五大经典投资案例

巴菲特的过人之处在于他并没有运用那些繁琐复杂的高深技术,而仅仅是通过自己对企业基本面的判断以及超人的耐力,便取得了令世人瞩目的成绩。下面就让我们来看看巴菲特是如何在实战中运用自己的智慧吧!

我只爱可口可乐——增值6.8倍

生活中,巴菲特是汉堡和可乐的忠实爱好者;股市上,他也对可口可乐情有独钟。1988年,巴菲特看到可口可乐的全球增长潜能和品牌威力,于是开始大笔买入可口可乐的股票。他出手不凡,首笔投资额就达到了10亿美元,买入可口可乐公司股票2335万股;1994年中期,巴菲特再次增持可口可乐的股票,总投资达到12.99亿美元,占了可口可乐8.4%的股份,这使他成为可口可乐公司最大的股东。从1990~1996年,经过3次股票分拆,巴菲特已经持有可口可乐股份2亿股;2003年年底,巴菲特所持可口可乐的股票市值为101.5亿美元,15年间增长了681%。仅仅在可口可乐一只股票上的投资,巴菲特就赚了88.51亿美元。

巴菲特曾经感慨到:"从小时候卖可乐开始,经历了52年我才明白,最能带来利润的是可乐的专利配方,而不是在销售生意里。"幽默的他还曾表示:"在我死的时候,可口可乐公司的销量一定会大增,因为我要大量的可口可乐陪葬。"

可以说,投资可口可乐公司是巴菲特投资生涯中最辉煌的成就,甚至比他想的还要成功。那么,我们来看看他是如何决策这笔投资的。

可口可乐公司的传奇

可口可乐的财富故事很古老,同时也富有传奇色彩。1886年5月8日,美国乔治亚州的药剂师潘伯顿在制作一种止咳糖浆时,意外地将这种糖浆加入碳酸水中,这个差错为他带来意想不到的收获,因为这种饮料非常好喝。潘伯顿在自己发明的这种饮料上看到了商机,他找到自己的生意伙伴罗宾逊,想与他一起来推广这种新式饮料。罗宾逊从糖浆的两种主要成分中找到了灵感,因为这两种成分就是古柯(Coca)的叶子和可乐(Kola)的果实,罗宾逊将Kola的K改为C,然后在两个词中间加一横,于是Coca-Cola这个响彻世界的品牌便诞生了。最初，可口可乐售价为五美分，它原作为药物出售（当时不少美国民众相信碳酸饮料有助于健康），当时顾客赞不绝口，争相购买这种饮料，从此，可口可乐风行世界。三年后，潘柏顿将可口可乐的配方以1200美元的高价（那时也算是一大笔钱）转手给康得勒；康得勒家族经营了31年，又以2500万美元的天价转让给伍德鲁夫家族；伍德鲁夫家族经营至今已超过80年，现在可口可乐公司的市值已超过1500亿美元。

1971年，当时担任可口可乐公司总裁的保罗·奥斯丁被任命为董事长后，随即开始进行大规模多元化的经营，如投资众多与可口可乐主业无关的专案，包括水净化、白酒、养虾、塑料、农场等，使公司价值创造能力不断下降。在股东的压力下，1980年奥斯丁被迫辞职，可口可乐公司第一位外籍总裁罗伯特·高泽塔上任。

罗伯特提出了公司"80年代的经营战略"：抛弃任何已经不能产生理想投资收益率的业务与资产，以及剥离大部分盈利能力低的非核心业务，包括葡萄酒厂，等等。

罗伯特最大的功劳是推进可口可乐的全球化高速增长。1984年，可口可乐公司的国际市场利润只勉强占总利润的52%；到了1987年，这一数字变成75%以上。国际市场为可口可乐带来丰厚的回报；1984~1987年，可口可乐全球销量增长了34%，国际市场的总利润从6.66亿美元增长到11.1亿美元。

在罗伯特担任公司总裁期间，他把可口可乐公司的市值从40亿美元提升到大约1500亿美元，这是一个多么令世人瞩目的成就啊！他书写了史无前例的商业传奇。

巴菲特眼中的可口可乐

◆ **传统行业，现金流持续稳定**

软饮料是世界上规模最大的产业之一，其特点是大规模生产、高安全边际、高现金流、低资本要求，以及高回报率。

◆ **业务简单易懂**

在商界有句名言："最简单的赚钱模式是最理想的。"可口可乐公司业务流程是公司买入原料，制成浓缩液，再销售给装瓶商；由装瓶商把浓缩液与其他成分调配在一起，再将最终制成的可口可乐饮料卖给零售商，包括超市、便利店、自动售货机、酒吧等。整个流程简单清晰，一目了然。

◆ **卓越的品牌价值**

可口可乐公司最重要的资产在于其品牌，可口可乐已经成为全球最被认同、最受尊重的著名品牌之一，同时也是美国文化的象征，而许多国家的几世代人都是喝着可口可乐、看着美国影片长大的。在某种意义上来说，可口可乐是美国文化的代言人。

◆ **强大的销售系统**

可口可乐公司在全球拥有无与伦比的生产和销售系统。公司投入巨资在世界各地建立瓶装厂，可口可乐公司向全球近200个国家，约1000家加盟瓶装厂商，提供其糖浆和浓缩液，形成巨大的规模优势，巩固公司低成本软饮料生产商的地位。

可口可乐是许多大型速食连锁店的首选饮料供应商，而这些店家包括：麦当劳、温蒂汉堡、汉堡王、比萨店等。哪里有麦当劳，哪里就有可口可乐；哪里有超市和便利店，哪里就有可口可乐；同时，可口可乐自动贩卖机遍布全球各地。

◆ **稳固的行业领导地位**

从澳大利亚到辛巴威、从奥马哈到大阪、从中国长城到大堡礁，世界上的每个地方都可以看到可口可乐的影子。世界上有将近一半的碳酸饮料都是由可口可乐公司生产和销售的，这一销量是劲敌百事可乐公司的3倍。在美国，碳酸饮料销售额一年可达500亿美元，而可口可乐公司和百事可乐公司就占据了3/4。

如今可口可乐公司每天要向全世界60亿人出售10亿多罐的可口可乐——巴菲特管理的波克夏公司拥有可口可乐公司8%的股份，这使他每天可以获得其中1亿罐的利润。

第八章 巴菲特的五大经典投资案例

◆ 专注的核心事业

可口可乐公司自罗伯掌管帅印以来，就一直专注于高收益的软饮料主业，通过不断地加强管理与服务升级，在为客户带来全新畅饮体验的同时，也为公司带来高速的发展与超值的回报。

◆ 非凡的价值创造能力

可口可乐公司的管理层一贯把股东的利益放在首要地位，因而在每年的年报中，都一再重申："管理的基本目标是使股东价值最大化。"

可口可乐公司在1973～1980年间，股东收益从1.52亿美元增长到2.62亿美元，年均增长8%；在罗伯特领导下，1981～1988年，股东收益从2.62亿美元增长到8.28亿美元，年均增长17.8%；1973年和1982年销售收入年均增长6.3%，而1983年和1992年销售收入年均增长率为31.1%。

◆ 持续的竞争优势

巴菲特在波克夏1993年年报中对可口可乐的持续竞争优势表示惊叹："就长期而言，可口可乐与吉列所面临的产业风险，要比任何电脑公司或是通信公司小得多，可口可乐占全世界饮料销售量的44%，吉列则拥有60%的刮胡刀市场占有率（以销售额计），除了称霸口香糖的箭牌公司之外，我看不出还有哪家公司可以像它们一样长期以来享有如此傲视全球的竞争力。更重要的是，可口可乐与吉列近年来也确实在继续增加全球市场的占有率、品牌的巨大吸引力、产品的出众特质与销售通道的强大实力，使得他们拥有超强的竞争力，就像是在它们的经济城堡周围形成了一条护城河。相比之下，一般公司每天都在没有任何这类保障的情况下浴血奋战。"

投资点拨

巴菲特所提出的所有者权益概念是对传统的现金流量概念的补充与升华，适用范围更广，对评估企业价值更有帮助。

可口可乐公司的发展史

1886年5月8日，美国药剂师潘伯顿，意外地将止咳糖浆加入碳酸水中，这种饮料非常好喝。潘伯顿在自己发明的这种饮料上看到了商机，并找自己的生意伙伴罗宾逊合作。

巴菲特对可口可乐公司的判断：

● 传统行业，现金流持续稳定
● 业务简单易懂
● 卓越的品牌价值
● 强大的销售系统
● 稳固的行业领导地位
● 专注的核心事业
● 非凡的价值创造能力
● 持续的竞争优势

巴菲特金玉良言：
良好的企业必须正直、勤奋、有活力；而且，如果它们不拥有第一项品质，其余两个将毁灭你。

波克夏公司的盈利保证——GEICO，增值50倍

美国政府雇员保险公司（简称GEICO）是巴菲特最成功的投资案例之一。巴菲特从21岁起，就开始购入GEICO公司的股票，并在1996年全资收购该公司。GEICO是波克夏公司里最核心和盈利能力最强的企业之一。

为了从中得到更多启示，就让我们一起回顾一下巴菲特投资GEICO的整个过程吧！

GEICO的概况及巴菲特的投资过程

GEICO于1936年由利奥·古德温创办，此人独创性地想出通过直接邮购的方式来出售汽车保险，从而取消一般的代理商通路；同时GEICO的销售政策只对政府雇员，因为这个群体申请赔偿的份额要少一些。

低廉的销售成本和超乎一般的被保险人使它成为成功的企业，经过几十年的发展，GEICO目前已成长为美国第四大汽车保险商。GEICO承接了660万辆私家车的承保业务，拥有450万客户。每位客户平均每年向GEICO支付1200美元保费。GEICO主要通过直销方式经营，提供一周7天、每天24小时的客户热线服务。

巴菲特对GEICO公司的第一笔投资在1951年，当时21岁的他还在哥伦比亚大学商学院师从格雷厄姆。巴菲特按照格雷厄姆的选股标准选中了GEICO公司，并向这家公司投入自己的所有积蓄10282美元。

虽然GEICO公司在20世纪60年代取得快速增长，但它的发展并非一帆风顺；在20世纪70年代，由于过度扩张、保险索赔大幅上升以及通货膨胀等因素，导致GEICO发生了灾难性的亏损，1974年公司发生创办28年来的首次亏损，亏损600万美元，1975年更是亏损高达1.26亿美元，公司濒临破产。1976

年，GEICO的股票一落千丈，从每股61美元跌至2美元。

巴菲特在1976年拜访GEICO公司管理层后，认为尽管公司濒临破产的边缘，但其竞争优势依然存在。因为它提供的低成本、无代理商的保险经营模式依然完好无损。

于是，他投资410万美元买入130万股，平均每股购入价为3.18美元；随后该公司发行了7600万美元的可转换优先股，巴菲特又以1942万美元买入近197万股可转换优先股，相当于发行总量的25%；接着该公司迅速转亏为盈，盈利能力大幅提升，巴菲特又在1980年以1890万美元买入147万股。到1980年底，巴菲特共持有该公司股票720万股，占其一半的股份，全部买入成本约为4714万美元。

事实证明巴菲特的决定十分明智，GEICO公司迅速恢复了元气，并且取得傲人的业绩。1976年，杰克·伯恩执掌帅印后，采取大量降低成本的措施，使公司的盈利能力迅速提升，他上任仅仅一年，公司盈利就高达5860万美元。1982年以来，GEICO的权益资本收益率平均为21.2%，是同行业平均水准的2倍。

在波克夏完全收购GEICO股份的前一年，即1995年，巴菲特已经用4570万美元的投资赚了23亿美元，20年间投资增值50倍，平均每年为他赚取1.1亿美元。1996年初，波克夏以23亿美元买入另外50%的股份，将其变为私人公司，不再上市。

GEICO是巴菲特波克夏投资王国的核心，其庞大的保费收入为巴菲特提供大量的投资资金来源，成为其旗下最核心和盈利能力最强的企业之一。

巴菲特眼中的GEICO

◆ 简单易懂的业务

巴菲特一向偏爱投资保险业务，用他21岁时所说的话来说："保险不存在存货、劳动力和原料问题，产品也不会过时。只要有人就会发生意外，有意外就有保险公司生存的空间。"

GEICO还采用直销方式，将汽车保险单直接邮寄给目标客户，这样就大大减少了与保险代理商有关的费用；而大多数保险公司主要通过代理商进行销售，代理费用通常要占到保险费的10%～25%，这样就吞噬掉相当大一部分的利润。

◆ 经济特许权

虽然GEICO从事的汽车保险业务很难形成差异化的竞争优势，但巴菲特认为，如果一个企业有绝对的成本优势，就可以成为这个行业的垄断者，赚钱自然也就不在话下了。

几十年来，GEICO在业内建立了良好的信誉，赢得大批忠实的客户。公司最主要的客户是那些政府雇员，安全意识很强，他们通过信件来购买保险，享受公司低成本和高品质的服务，再投保率很高；而其他保险公司并不愿放弃已有的代理分销通道而损害原有的市场份额，因而GEICO的独特销售方式为其带来了差异化的竞争优势，同时通过不断扩大规模来形成更大的成本优势。这使该公司成为巴菲特所谓的经济特许权企业。

巴菲特认为，在竞争激烈、产品高度同质化的保险产业，这样的经济特许权不但稀少，而且异常珍贵，这也是GEICO得以复苏并一直强大下去的根本原因。

◆ 持续创造价值能力

在容量巨大的汽车保险市场中，大多数公司正是由于其销售通道结构限制了灵活经营，而GEICO却一直将自己定位为一个保持低营运成本的公司。GEICO根据其定位进行经营，不但为客户创造非比寻常的价值，同时也为自己赚取了非比寻常的回报。几十年来，GEICO一直这样运作，即使20世纪70年代中期发生财务危机，也从未损害GEICO最关键的产业竞争优势。

在1983到1992年的10年内，该公司的平均税前经营利润率在同行业中一直是最稳定的。1980～1992年的13年间，该公司共创造了17亿美元的利润，派发给股东2.8亿美元的红利，保留14亿美元用于再投资。这期间，其股票市值从2.96亿美元升值到46亿美元，公司保留的每1美元为股东创造了3.12美元市值。

投资点拨

巴菲特看中GEICO极低的赔保比例及低廉的运营成本,并抓住时机在低位大量买进。巴氏投资哲学在这个案例上得到充分的印证。

GEICO的成长历程

GEICO于1936年由利奥·古德温创办,此人独创性地想出通过直接邮购的方式来出售汽车保险,从而取消一般的代理商通路;同时GEICO的销售政策只对政府雇员,因为这个群体申请赔偿的份额要少一些。低廉的销售成本和超乎一般的被保险人使它成为成功的企业

巴菲特对GEICO的投资

安全边际原则:	1980年,巴菲特发现GEICO的股票价格不及内在价值的一半。
集中投资原则:	1980年底,巴菲特拥有的GEICO股票市值占资产总额的20%。
长期持有原则:	巴菲特一直持有GEICO公司股票,1996年更是把GEICO公司转为波克夏的全资子公司。

巴菲特金玉良言:
头脑中的东西在整理分类之前都叫"垃圾"!

只要这个世界还有男人，吉列就能不断赚钱——增值近5倍

吉列公司是巴菲特的另一个投资神话。1989年，巴菲特投资6亿美元买入吉列公司年利率为8.75%的可转换优先股，并在1991年转换为1200万普通股，此后巴菲特在吉列上没有进行增加投资，也没有将它们变现出售。后来吉列公司的股票经过多次分拆，使得巴菲特的持股总数达到9600万股。2004年年底巴菲特所持吉列的股票市值达到35.26亿美元，14年间投资盈利为29.26亿美元，增长了4.87倍。

吉列的成长概况及巴菲特的投资过程

吉列公司成立于1901年，其公司总部设在美国波士顿，主要生产刮胡产品、电池、口腔清洁卫生产品及文具等。吉列公司由传奇人物金·吉列创建。金·吉列于1895年发明了一次性刮胡刀片，并在1901年创立美国安全刀片公司。

可以说，是第一次世界大战成就了吉列公司，它成了士兵们必备的军需品。到了1917年，吉列刀片创造出1.2亿片的市场销量，市场占有率达80%，并有44家海外分公司。

公司于20世纪50年代更名为吉列，此时吉列已经成为美国刮胡刀的第一品牌，从此一直处于市场领导地位。至今为止，几乎没有一个公司能够像吉列那样统治此行业如此之久。

到了20世纪80年代时，吉列不断投资于新产品开发，并借此击败竞争者，同时把产品扩大到刮胡泡沫、百灵电动刮胡刀等相关产品，还收购了其他消费品企业。吉列公司是美国技术革新的领头羊之一，它开发产品的方式取法于医药公司，它注重科研投资，致力于使产品和工艺技术能取得专利性的突破。

吉列致力于公司的平衡发展，它不仅从现有的产品中获得利润，同时也推动将成为未来的独家产品之新技术的增长，并投资开发具有未来性的产品。吉列公司的目标是让过去五年中所推出的产品，其销售额达到公司总销售额的40%。

吉列出色的产品和行销手段，使其市场占有率和获利能力持续上升，成为本行业无可争议的先驱。

1989年，波克夏公司投资6亿美元，买入近9600万股吉列公司的股票，在随后的十多年中，巴菲特一直持有这些股票，即使在20世纪90年代末期，吉列股票大跌时，他也未曾动摇。

2004年底，巴菲特所持的吉列公司股票市值为35.26亿美元。而2005年1月时，吉列被宝洁并购，其股价涨至每股51.6美元，巴菲特所持吉列股票的市值突破51亿美元，并将9600万股转为9360万股宝洁公司的股票，占宝洁总股份的3%。

巴菲特眼中的吉列

◆ 稳定的传统产业

巴菲特在波克夏1989年年报中，向股东解释自己投资吉列的最主要原因是因为其拥有稳定而优良的核心业务。

巴菲特曾说过："吉列这家公司的业务正是我们所喜爱的那种类型，芒格跟我都相当地熟悉这个产业的实际状况，而且，我们都是这家公司的忠实顾客，因此，我们相信可以对这家公司的未来进行合理的预测。"

◆ 经济特许权的典型企业

巴菲特认为吉列公司是一个拥有经济特许权的典型企业。吉列在全球刮胡刀片销售份额中占到60%左右；在墨西哥等国家的市场份额甚至占了90%以上。

这样的市场占有率是其他任何一个竞争对手都望尘莫及的；同时，吉列公司的品牌认同度、巨大的行销网络和强大的研发能力，更是其无人能及的优势之一。

吉列公司几十年来无可争议地作为全球最著名的刮胡产品品牌，其价值随着全球经济一体化的国际市场之迅速扩张而不断增加，而其全球市场销量也随之不断增长。

◆ **持续增长的价值创造能力**

在巴菲特投资前的1979～1988年的10年时间内，吉列公司的销售收入从19.85亿美元增长到35.81亿美元，增长率达80％，年均增长7％。净收益从1.1亿美元增长到2.69亿美元，增长了142％，年均增长10％。

尤其是1986～1988年的后3年，吉列公司的增长更快，主要原因是全球化经营带来的国际市场增长。

巴菲特对吉列公司的投资策略应用为：巴菲特在1989年7月投资6亿美元，买入吉列公司年利率8.75％的10年期强制赎回之可转换优先股。

1990年年底，吉列公司的股东收益为2.75亿美元。1987～1990年，股东收益以每年16％的速度增长。

尽管我们不能根据如此短暂的历史资料来判断吉列公司的长期增长趋势是什么，但是，巴菲特却认为吉列公司与可口可乐一样，是一个具有经济特许权的企业。

投资点拨

巴菲特认为吉列公司是一个拥有经济特许权的典型企业，且又具有持续增长的价值创造能力。

吉列公司的成长经历

吉列于1895年发明了一次性刮胡刀片，并在1901年创立美国安全刀片公司。

第一次世界大战

刮胡刀成了士兵们必备的军需品。到了1917年，吉列刀片创造出1.2亿片的市场销量

巴菲特在吉列的投资

- 1989年，波克夏公司投资6亿美元买入近9600万股吉列公司的股票。
- 即使在20世纪90年代末期，吉列股票大跌时，他也未曾动摇。
- 2004年年底，巴菲特所持吉列的股票市值为35.26亿美元。
- 2005年1月，吉列被宝洁并购，股价涨至每股51.6美元，巴菲特所持吉列股票的市值突破51亿美元，并将9600万股转为9360万股宝洁公司的股票，占宝洁总股份的3%。

巴菲特金玉良言：

我最大的长处在于我很理性。许多人有比我更高的智商，许多人比我工作更长的时间，但是我却能比他们理性地处理事务；因此你们必须要控制自己，别让你的感情影响你的思维。

《华盛顿邮报》——报业神话，增值超过28倍

《华盛顿邮报》不仅为巴菲特带来超过50%的投资回报率，更为他赢得投资家的一切声誉；同时，这也是巴菲特投资普通股掘到的第一桶金，在此之前，股神一直钟情于优先股。

巴菲特在1973年用1062万美元买入《华盛顿邮报》的股票；到2003年年底，这些股票的市值上涨到13.67亿美元，30年的投资利润为12.8亿美元，投资收益率高达128倍。

《华盛顿邮报》的成长概况及巴菲特的投资过程

《华盛顿邮报》是美国华盛顿哥伦比亚特区最大、最老的报纸。

1971年，《华盛顿邮报》的股票上市，当时发行的股票分为A股和B股两种，差别在于持有A股的股东有权选举公司董事会的主要成员。凯萨琳·格雷厄姆所持的A股占了总股份的50%，因此将《华盛顿邮报》牢牢控制在自己手中。B股共发行了135万多股，持B股的股东只能选举董事会的次要成员。

20世纪70年代初期，《华盛顿邮报》在巨大的政治压力下，刊登了五角大厦档案，并追踪报道"水门事件"，直接导致尼克松总统下台，因此在国际报业中获得极高威望，许多人认为它是继《纽约时报》后，美国最有声望的报纸；另一方面，由于它位于美国首都，所以特别擅长报道美国国内的政治动态。

"水门事件"充分表现出《华盛顿邮报》作为一家媒体的独立性，更使该报获得相当崇高的声誉，确立其领袖地位。

1998年年初，又是《华盛顿邮报》第一个报道美国总统克林顿与实习生莱温斯基的性丑闻事件。

多年以来，《华盛顿邮报》一直与同业中的《星报》竞争，最终通过收购《国际先驱论坛报》，打败了《星报》，致使《星报》在1981年停刊。这项投资使得《华盛顿邮报》实际成为美国首都华盛顿中，唯一处于垄断地位的报纸。

直到现在，《华盛顿邮报》的每日发行量已经有大约78.5万份之多。近几年来，该公司在营业利润和股票市值方面更超过其最大的竞争对手《纽约时报》。

巴菲特在1973年用1062万美元买入《华盛顿邮报》的股票，这也是他持有时间最长的一只股票。当时的《华盛顿邮报》的主营业务收入包括：50%以上来自《华盛顿邮报》；25%左右来自《新闻周刊》杂志；其他25%来自三家电视台和一家广播电台。

此外，《华盛顿邮报》还拥有《国际先驱论坛报》50%的股份，且目前公司下属的《新闻周刊》也是与《时代周刊》并驾齐驱，皆为全球最有影响力的杂志之一。

巴菲特对《华盛顿邮报》公司的投资分析

巴菲特对传媒行业一直非常喜爱，先后投资过《奥马哈太阳报》、联合出版公司、《华盛顿邮报》等多家传媒公司。他认为，传媒业和其他产业不一样，它的高赢利来自于其取得市场垄断地位的特许经营权。传媒业能够制定侵略性的价格并实行宽松的管理。

巴菲特为何投资《华盛顿邮报》？

◆ **熟悉《华盛顿邮报》**

巴菲特13岁时就是邮报的报童，并做了4年多的时间，依靠送报纸就攒了5000多美元，这是他的第一笔财富。

◆ **懂得传媒业务**

1969年，巴菲特购买《奥马哈太阳报》。在1973年购买《华盛顿邮报》

股票之前,他已经有4年经营报纸的经验,从中认识报纸的市场垄断性,认为这是一个奇妙的行业——它是那种趋向自然的有限垄断的少数行业之一。

◆ 巨大影响力

1971年,《华盛顿邮报》因发表《五角大厦报告》这份机密文件,暴露政府在越南战争问题上的不良行径而名声大振。

1972年6月,有5名男子私自闯入著名的水门饭店——此地为民主党的全国竞选总部,邮报对此事件开始进行深入的调查,最后发现是共和党政府为了破坏民主党的竞选活动,而派遣这5人试图在民主党竞选总部内安装窃听器,以掌握选举的胜利。

虽然《华盛顿邮报》面临巨大压力,但最后还是得到媒体和公众的支持,强大的舆论迫使尼克松总统下台。《华盛顿邮报》因为这篇报道而获得普利策奖,确立了其大报的地位,从此以后,它成为美国最大、最有影响力的报纸之一。

◆ 严重被低估的股价

1973年,巴菲特买入股票时,《华盛顿邮报》的权益资本收益率是15.7%,与当时大多数报纸的平均营利水准相当,略高于标准普尔工业指数的平均水准;而当时《华盛顿邮报》作为报业先驱,在华盛顿市场中占据主导地位,拥有当地报纸发行量的66%。5年后,《华盛顿邮报》的权益资本收益率增长了1倍,比报业平均水准高出50%。

投资点拨

巴菲特的价值投资类似红海战略,其关注的上市公司,基本上属于易把握的成熟产业,对《华盛顿邮报》的投资便是一大佐证。

跟巴菲特学投资

《华盛顿邮报》的成长历程：

跟踪报道水门事件和莱温斯基事件。

↓

水门事件后，《华盛顿邮报》在国际报业中获得极高威望。

↓

收购《国际先驱论坛报》，挤垮竞争对手《星报》。

巴菲特对《华盛顿邮报》的投资

- 小时候当过该报报童，因此对它非常了解。
- 认为报业垄断性强，较其他行业更易获利。
- 认为该报具有深远的国际影响力，看好它的发展前景。
- 认为该报的市场占有率高。

巴菲特金玉良言：
如何决定一家企业的价值呢？多阅读。我阅读所注意公司的年度报告，同时也阅读其竞争对手的年度报告。

中石油——亚洲最赚钱的公司，增值8倍

巴菲特投资中石油前后只有四年多的时间，这是他在短期内大笔投资、收益率非常高且为数不多的股票之一，也是巴菲特投资过为数不多的美国本土以外公司之股票，更是他唯一投资过的中国股票。

中石油的成长概况及巴菲特的投资过程

中国石油天然气股份有限公司（简称中石油）是在中国石油天然气集团公司1999年重组改制的基础上所设立的公司，并于2000年4月首次在中国香港和纽约上市，当时仅发行了10%的流通股。

中石油上市以来，凭借其稳健务实的经营风格和良好的收益，得到境外投资者的高度认可，股价不断攀升；尤其是2003年4月，巴菲特投资中石油的消息曝光之后，股价更是一路上扬。

2005年9月28日，中石油的H股股价收于5.85港元，创下历史新高，中石油的市值达到1323亿美元，超过全球第二大汽车制造商——丰田公司，成为当时亚洲最大的公司，并且成为全球排名第19位的大公司，在全球石油行业的公司排名中，中石油位居第5位。

巴菲特从2003年4月初，开始持续买入中石油的H股，到了2004年年底，巴菲特一共持有了中石油H股23.38亿股，而他所投资在中石油的成本则约有5亿美元。

当巴菲特在2007年7月开始卖出中石油股票的时候，该公司的股价尚在12港元附近，然而，至2007年10月18日收盘时，中石油的股价已经达到了18.94港元。

市场人士粗略分析，巴菲特这23亿多股的平均卖价应在13～16港元之间，仅靠投资中石油这一笔，盈利应超过300亿港元，与其在2003年投入的32亿港元成本相比，收益应该有8～10倍左右。

巴菲特对中石油公司的投资分析

2007年10月，巴菲特相隔12年之后再次到中国，在接受中央电视台采访的时候，他道出了投资中石油股票和卖出股票的原因，终于让我们了解到他的投资真相。

巴菲特说："中石油是全球第四大的石油公司，该公司的盈利也名列第四，产量与埃克森相当。中石油的年度报表所披露的资料比其他石油公司还要多，它们告诉你，公司会将45%的盈利派发给股东，此举排除了很多不明朗的因素。"

巴菲特又说："中石油的产量占全球3%，产品以美元定价，控制大部分中国的提炼设施，如果你能够以同类公司三分之一的价钱买入该股，你自然会去做。"

谈到购买前的准备工作，巴菲特说："我读了2002年4月的年报，又读了2003年的年报，然后便决定投资5亿美元于中石油。我没有见过中石油的管理层，也没有看过分析家的报告，仅仅根据其非常通俗易懂的年报，就让我深信这将是一个很好的投资。"

但是，巴菲特从2007年7月12日开始，便以12港元左右的价格，分批减持自己所拥有的中石油股票，直到2007年10月19日，他将持有的中石油股票全部清仓了。

虽然抛了股票，巴菲特对中石油依然很有感情，他说："我们大概投入5亿美元的资金，卖掉后赚了约40亿美元，我写了一封信给中石油，感谢他们对股东所做的贡献。"

那么，既然他认为中石油是家好公司，为什么要把股票卖掉呢？

当被问到上述的问题时，巴菲特回答道："你知道的，有很多这类似中石油这类很好的企业，我希望我买了更多，而且本来应该是要持有更久的。

石油利润主要是依赖于油价,石油若在30美元一桶的时候,我们感到很乐观;如果到了75美元一桶时,并非说它将要下跌,但是我就不像以前那么有自信了。

"根据石油的价格趋势来看,中石油的收入在很大程度上依赖于未来10年石油的价格,我对此并不消极;因此在30美元一桶时,我非常肯定,到75美元一桶时,我就持比较中性的态度,况且现在石油的价格已经超过75美元一桶了。"

巴菲特当时认为油价继续上涨的可能性非常小,因此,石油公司的利润要再大幅增长将会相当困难,所以,巴菲特选择卖出股票,而这项举动也没有违背他自己的投资原则,他说:"我通常是在人们对股票市场失去信心的时候购买。"

尽管现在中国股市的热度很高,但巴菲特却说:"我已经不像两年前那样,容易找到被低估的股票了。"

巴菲特投资中石油的启示

巴菲特在中石油上的成功投资,说明成功的价值投资案例不再是那么遥远,它就发生在我们身边。

巴菲特投资中石油的灵活决策手段,的确让我们感到震撼。这不仅是因为巴菲特在2003年4月,中国股市低迷徘徊时期,大举介入中石油H股,并投入5亿美元。

在巴菲特投资中石油的4年时间内,他一共赚了40亿美元;更是因为这次投资就发生在我们身边,几乎每个中国股票市场的投资人都感受到"股神"这笔投资活动的整个过程。

若我们能够仔细解读巴菲特的这次价值投资活动,并思考其所带来的启示,无疑有助于我们未来的证券投资交易。首先,价值投资关注的重点是"公司价值核心驱动因素的变化",而不单纯只是投资者认为的公司"内在价值"。

按照巴菲特的说法，他买入的原因在于"石油在30美元一桶的价位时，升值空间很好"，卖出的原因是"油价已经75美元了，投资者本身对于油价还能上涨多少，没有足够的信心"。

由上述可见，石油价格的长期变化趋势是中石油价值的核心驱动因素，也是核心变数。

在这里，巴菲特抓住主要矛盾而忽略次要矛盾，他肯定谈不上巴迷们所理解的"比管理层更了解公司"。

事实上，巴菲特在投资中石油时，只看了中石油在2002年和2003年的年度报表，他从来没有见过中石油任何一位管理阶层，甚至也没有到公司内部进行任何的调查、研究，虽然如此，但是，他一定彻底地研究过石油价格的发展趋势。

我们必须了解价值投资并不等同于长期持有，甚至永久持有。高估了就一定要卖，低估了就一定要买，而所谓的高低主要体现在投资者对于核心价值驱动因素的判断。

作为周期性股票能源类公司的中石油，由于其价值取决于石油价格等"外生变数"，而不单纯是上市公司本身，因此其持有的时间就注定也是周期性质的。

由中石油的例子中，我们可以发现，只有优质的消费类股票，如可口可乐等，由于该公司产品的外在市场需求是长期、不断地增长，所以才会被巴菲特长期持有。

投资点拨

如果说巴菲特对可口可乐等公司的投资充分体现其价值投资和长期持有策略，那么其对中石油的投资，则向世人说明了当股票价格远高于价值时，一定要坚决卖出。

中石油的优势

中国石油

中石油上市以来,凭借其稳健务实的经营风格和良好的收益,得到境外投资者的高度认可。

第四大石油公司,盈利也名列第四,产量与埃克森相当。

巴菲特卖出中石油的原因

- 中国香港股市在内地的带领下,急剧上升,有加速赶上之趋势。
- 国际油价高涨,使得中石油炼油业务成本剧增。
- 中国股市估值过高,泡沫化程度严重。
- 中石油在达尔富尔地区投入巨资建炼油厂,风险甚巨。
- 次贷危机使波克夏有套现的需要。

巴菲特金玉良言:
如果你想知道我为什么有时能超过比尔·盖茨成为首富,我可以告诉你,是因为我花得少,这是对我节俭的一种奖赏。

图书在版编目（CIP）数据

跟巴菲特学投资 / 李成思著；夏易恩绘 . —— 北京：中国华侨出版社，2016.8
ISBN 978-7-5113-6254-4

Ⅰ. ①跟… Ⅱ. ①李… ②夏… Ⅲ. ①巴菲特 (Buffett, Warren 1930-) – 投资 – 经验 Ⅳ. ① F837.124.8

中国版本图书馆 CIP 数据核字 (2016) 第 206033 号

跟巴菲特学投资

著　　者：李成思
绘　　图：夏易恩
出版人：方　鸣
责任编辑：梦　彤
封面设计：王明贵
文字编辑：胡宝林
图文制作：北京水长流文化
封面供图：www.dfic.cn
经　　销：新华书店
开　　本：710mm×1000mm　1/16　印张：13　字数：180千字
印　　刷：北京中创彩色印刷有限公司
版　　次：2016年10月第1版　2016年10月第1次印刷
书　　号：ISBN 978-7-5113-6254-4
定　　价：29.80元

中国华侨出版社　北京市朝阳区静安里26号通成达大厦3层　邮编：100028
法律顾问：陈鹰律师事务所
发 行 部：(010) 58815875　　传　真：(010) 58815857
网　　址：www.oveaschin.com
E-mail： oveaschin@sina.com

如果发现印装质量问题，影响阅读，请与印刷厂联系调换。